1 ESO

LENGUA CASTELLANA Y LITERATURA

Gramática y ortografía

AUTORAS

M.ª Teodosia Cabañes Cabañes
Ersilia Lorenzo Lorenzo

Oxford
EDUCACIÓN

Índice

1 La estructura de la palabra. La ortografía española

Gramática La estructura de la palabra

- Una **familia léxica** es el **conjunto de palabras** que comparten la **misma raíz** *(marea, marejada, marítimo, marear)*.
- El **lexema** o **raíz** es la **parte** de la palabra **común** a todas las que pertenecen a una misma familia léxica: *pan, panadero, panadería*. Los **morfemas** son partículas situadas antes o después del lexema: *campanazo, campanilla, campanario, campanil*.
- Los principales **procedimientos de formación de palabras** son dos:
  - **Derivación**. La palabra se forma añadiendo morfemas delante y / o detrás del lexema: *mar* > *mar-ino, mar-inero, sub-mar-ino*...
  - **Composición**. La palabra se forma mediante la unión de varias palabras ya existentes: (*malestar* > *mal + estar; pelirrojo* > *pelo + rojo*).

1 Rodea la parte de las siguientes palabras que se repite en todas ellas y después contesta a las cuestiones.

justicia justo ajustar ajustado justamente injusto justiciero desajustar

- ¿Qué nombre recibe el grupo de letras que has rodeado? Raíz
- ¿Cómo se denominan las partículas que has dejado fuera del círculo? Morfema
- ¿Qué forma este conjunto de palabras? familia léxica

2 Localiza en este fragmento de George Orwell alguna palabra que pertenezca a la misma familia léxica del adjetivo *lento* y rodéala con un círculo.

Desaparecía durante horas enteras, y luego se presentaba a la hora de la comida o al anochecer, cuando cesaba el trabajo, como si nada hubiera ocurrido. Pero siempre presentaba tan excelentes excusas y ronroneaba tan afablemente, que era imposible dudar de sus buenas intenciones. El viejo Benjamín, el burro, parecía no haber cambiado desde la rebelión. Hacía su trabajo con la misma obstinación y lentitud que antes, ni lo eludía, ni se ofrecía tampoco para cualquier tarea extra. Ni daba su opinión sobre la rebelión o sus resultados. [...]

Los domingos no se trabajaba. El desayuno se tomaba una hora más tarde que de costumbre y después tenía lugar una ceremonia que se cumplía todas las semanas sin excepción. Primero se izaba la bandera. Snowball había encontrado en el guadarnés un viejo mantel verde de la señora Jones y había pintado sobre su superficie un asta y una pata.

George Orwell
Rebelión en la granja, Destinolibro (Adaptación)

3 Marca el lexema o raíz de las siguientes palabras extraídas del texto de George Orwell y escribe, al menos, otros dos términos que pertenezcan a su misma familia léxica:

anochecer → anoche, nocturno
rebelión → rebelde,
buenas → bueno buenísimo
señora → señorita,

4 Ordena estas palabras en las líneas inferiores según la familia léxica que les corresponda.

- trabajaba
- trabajador
- intercambiador
- ajardinar
- jardinería
- jardinera
- cambiado
- excepcional
- excepcionalmente
- trabajoso
- excepto
- exceptuar
- jardinero
- recambio
- trabajosamente
- cambiar
- cambiante
- cambista

trabajo: Trabajaba, trabajador, trabajoso, trabajosamente,

jardín: jardinero, ajardinar, Jardinería, Jardinera

excepción: excepcional, excepcionalmente, excepto, exceptuar

cambio: cambiado, recambio, intercambiador, cambiar, cambiante cambista

5 Recuadra los lexemas de las palabras de la actividad 4.

6 En el texto de Orwell de la página anterior aparece la palabra *guadarnés,* que proviene de los términos *guardar* y *arnés.* Anota el significado de cada uno de esos términos y luego define, con tus palabras, qué es un *guadarnés.*

guardar: recojer + arnés: una serie de cintas y cuerdas

guadarnés: un objeto para guardar un arnés

- ¿Cómo se denomina este método de formación de palabras?

composición

7 Completa esta tabla con cinco palabras de la familia léxica de *guardar,* indica si se han formado por derivación o por composición y explica su significado. Fíjate en el ejemplo.

Palabra	Procedimiento	Significado
guardarropía	composición	Conjunto de trajes y objetos empleados en representaciones teatrales o rodajes.
guardaarnés	composición	Un objeto usado para guardar arnéses
guardián	Derivación	alguen que guarda o cuida algo o alguien
guardería	Derivación	un sitio donde cuidan a niños pequeños
salvaguardar	composición	defender, cuidar

8 Relaciona los lexemas de la izquierda con los morfemas de la derecha, forma con ellos al menos quince palabras y clasifícalas en la tabla según su categoría gramatical. Fíjate en el ejemplo.

Lexemas
baj-
hart-
bell-
natural-
pequeñ-
activ-
real-
dur-

\+

Morfemas
-o
-eza
-ista
-ísimo
-ista
-ismo
-idad
-ar

Sustantivos	Adjetivos	Verbos
realidad	Bajo	activar
actividad	Pequeñísimo	durar
bajeza,	Pequeño	hartar
activo	Bello	
realista	duro	
Bajeza	durísimo	
	harto	

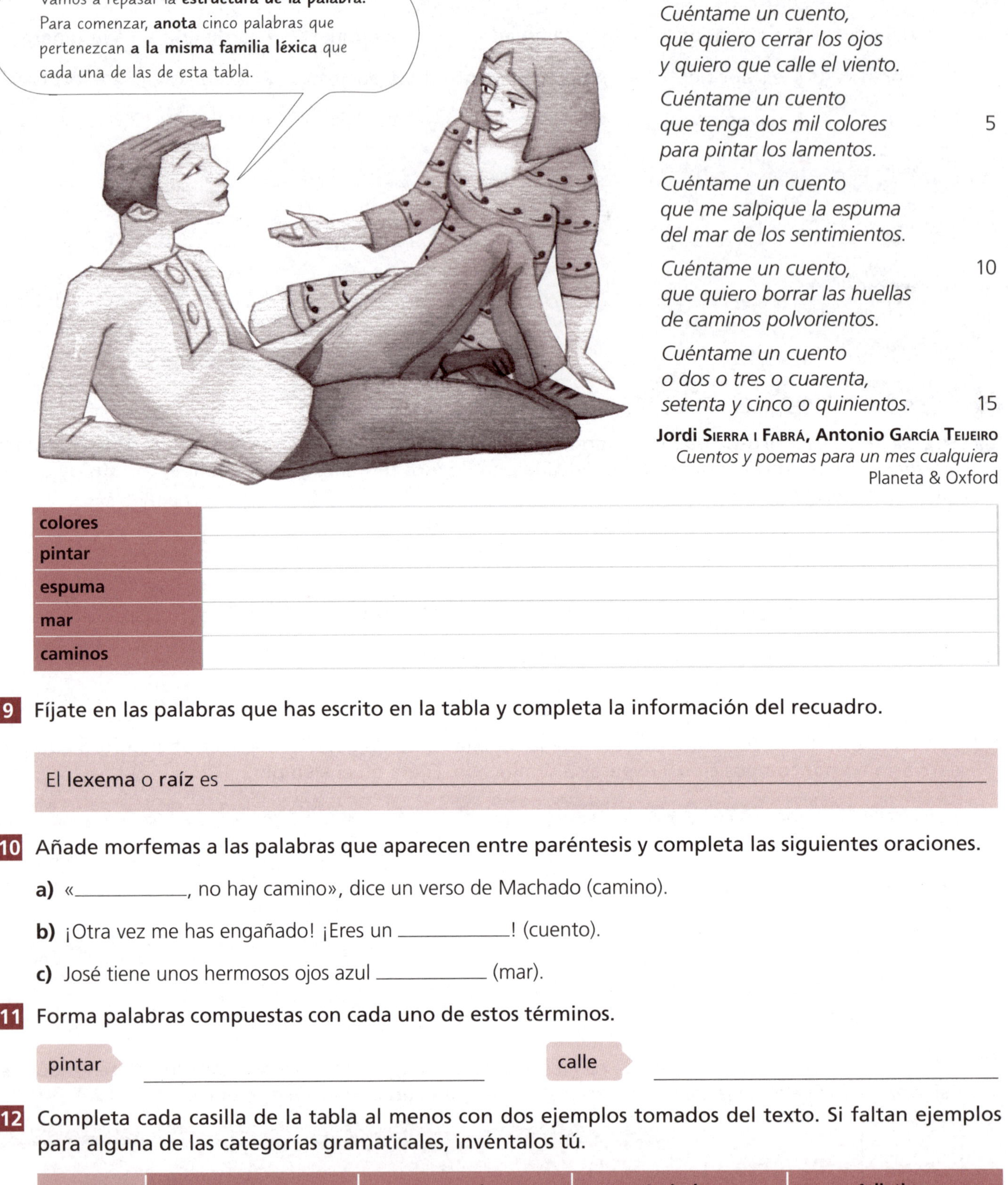

Cuéntame…

Cuéntame un cuento,
que quiero cerrar los ojos
y quiero que calle el viento.

Cuéntame un cuento
que tenga dos mil colores
para pintar los lamentos.

Cuéntame un cuento
que me salpique la espuma
del mar de los sentimientos.

Cuéntame un cuento,
que quiero borrar las huellas
de caminos polvorientos.

Cuéntame un cuento
o dos o tres o cuarenta,
setenta y cinco o quinientos.

Jordi Sierra i Fabrá, Antonio García Teijeiro
Cuentos y poemas para un mes cualquiera
Planeta & Oxford

colores	
pintar	
espuma	
mar	
caminos	

9 Fíjate en las palabras que has escrito en la tabla y completa la información del recuadro.

El **lexema** o **raíz** es ____________________________

10 Añade morfemas a las palabras que aparecen entre paréntesis y completa las siguientes oraciones.

a) «__________, no hay camino», dice un verso de Machado (camino).

b) ¡Otra vez me has engañado! ¡Eres un __________! (cuento).

c) José tiene unos hermosos ojos azul __________ (mar).

11 Forma palabras compuestas con cada uno de estos términos.

pintar ____________________ calle ____________________

12 Completa cada casilla de la tabla al menos con dos ejemplos tomados del texto. Si faltan ejemplos para alguna de las categorías gramaticales, invéntalos tú.

Palabras variables	**Sustantivos**	**Pronombres**	**Artículos**	**Adjetivos**
Palabras invariables	**Adverbios**	**Conjunciones**	**Preposiciones**	**Interjecciones**

Ortografía El alfabeto español

- En **español no** existe **correspondencia exacta** entre los **sonidos** de la lengua y las **letras** con las que se representan.
- Aunque **algunas letras** del abecedario representan un **único sonido,** se dan otros casos:

Sonidos y grafías				
1. Letras que representan varios sonidos	c	*caco, cuña; cena, cima*		
	g	*gangoso, gusano; agitar, genio*		
2. Letra que no representa ningún sonido	h	*hada, ahumar*		
3. Sonidos que se representan con distintas letras	c / qu / k	*casa, queso, kiwi*	c / z	*circo, zumo*
	g / gu	*gacela, guepardo*	g / j	*genio, jefe*
	b / v	*beso, vela*	r / rr	*rosa, carro*
	i / y	*corréis, rey*		
4. Combinación de letras	ch	*chalado, chichón, chulo*	ll	*llanto, gallina*
5. Letra que representa dos sonidos	x	*xilófono, examen*		

13 **Lee el texto y rodea las palabras que respondan a los casos 1, 2 y 4 del cuadro anterior.**

El sol empezaba a levantar cuando la chalupa del correo se abrió paso por entre el laberinto de veleros anclados, donde los olores innumerables del mercado, revueltos con la podredumbre del fondo, se confundían en una sola pestilencia. La goleta de Riohacha acababa de llegar, y las cuadrillas de estibadores con el agua a la cintura recibían a los pasajeros en la borda y los llevaban cargados hasta la orilla. [...]

Andaba al garete porque su casa había sido destruida por un cañonazo durante el sitio del general rebelde Ricardo Gaitán.

Gabriel García Márquez
El amor en los tiempos del cólera, Bruguera

14 **Copia las palabras que has rodeado en la actividad anterior donde corresponda.**

Caso 1 → ______________________________

____

Caso 2 → ______________________________

Caso 4 → ______________________________

15 **Las siguientes palabras del texto corresponden al caso 3, es decir, incluyen sonidos que se representan por medio de dos o más letras. Observa el ejemplo y completa las oraciones con palabras de su misma familia.**

- borda — **a)** Los piratas ingleses **abordaron** el barco español que viajaba hacia América.
- levantar — **b)** Las impopulares medidas del gobierno causaron un ____________ popular.
- laberinto — **c)** El casco antiguo presentaba un ____________ entramado de estrechas callejuelas.
- pasajeros — **d)** El ____________ del avión permanecía expectante ante las palabras del piloto.
- general — **e)** No se debe ____________ a partir de un caso particular y aislado.

16 Escribe dos ejemplos de cada uno de los casos mencionados en la tabla de sonidos y grafías.

c	______	c / z	______
g	______	g / j	______
h	______	r / rr	______
g / gu	______	ch	______
b / v	______	ll	______
i / y	______	x	______
c / qu / k	______		

17 Todas las palabras de la izquierda responden a uno de los grupos de letras del caso 3. Obsérvalas con atención y relaciona mediante flechas cada una con su significado.

- jirón
- fugitivo
- refulgir
- ojeada
- emerger

- Mirada pronta y ligera que se da a algo o alguien.
- Brotar, salir a la superficie.
- Pedazo desgarrado del vestido o de otra ropa.
- Que anda huyendo y escondiéndose.
- Resplandecer, emitir fulgor.

18 Palabras ocultas. ¿Conoces este juego? Tienes que completar los huecos para formar palabras teniendo en cuenta que al menos una de las letras que se oculta en cada recuadro corresponde a los casos 3, 4 o 5 de la tabla de sonidos y grafías.

d __ sg __ __ __ a __	__ __ u __ __ r __	__ __ __ __ f e __ a r
es __ __ e __ __ a	__ a __ í __	__ o __ i __ ont __
e __ is __ __ __	__ __ __ m __ r __ __ __	Mé __ i __ __
In __ __ __ __ t __ r	__ e __ ru __ __ o	__ om __ __ ero

19 Lee con atención las dos palabras que aparecen escritas en la pizarra y completa las siguientes oraciones con uno de ambos términos.

a) ______________ esos residuos en el contenedor correspondiente.

b) Ya está ______________ la tortilla, puedes llevártela.

c) Está tan bien ______________ que da pena trocearla.

d) Esto está que ______________ auténticas chispas.

e) ______________ a ese chico de clase, no para de molestar.

f) Ese empresario ______________ a los trabajadores porque cierra su negocio.

g) Está ______________ un verdadero lío con esa propuesta.

h) Se ______________ sobre sus espaldas toda la responsabilidad del caso, aunque no haya intervenido en él.

echa: arroja → verbo ECHAR.
hecha: producida, realizada, fabricada → verbo HACER.

Dictado

20 Rodea todas las palabras que has escrito mal en el dictado y cópialas a continuación correctamente.

21 Construye una oración con cada palabra que has escrito en la actividad anterior.

22 Completa el cuadro con palabras del dictado que respondan a cada uno de los casos estudiados en la tabla de sonidos y grafías. Si en alguna palabra has cometido una falta de ortografía, no olvides copiarla correctamente.

Caso	Palabra del texto
1	
2	
3	
4	
5	

2 Las clases de palabras. Las letras mayúsculas

Gramática Las clases de palabras

- En español existen las siguientes **clases de palabras**: **sustantivos** (o **nombres**), **artículos**, **adjetivos**, **determinantes**, **pronombres**, **verbos**, **adverbios**, **preposiciones**, **conjunciones** e **interjecciones**.
- Estas clases de palabras **se combinan** entre sí para formar **unidades gramaticales** superiores: los **grupos** de palabras, las **oraciones** y los **textos**.

1 Los siguientes fragmentos pertenecen al relato *El gran gigante bonachón*, del escritor inglés Roald Dahl. Léelos atentamente, pues te servirán para trabajar las clases de palabras.

¡Hola!

Texto I

Vio que el gigante daba un paso atrás y dejaba la maleta en el suelo, inclinándose para abrirla. De ella sacó algo que parecía un tarro de vidrio con tapa de rosca. Lo destapó y echó el misterioso contenido del bote en la larguísima trompeta.

Texto II

A la luz de la luna, Sofía distinguió una enorme cara muy larga, pálida y arrugada, con unas orejas increíblemente grandes. La nariz tan afilada como un cuchillo, y encima, muy juntos, brillaban con gran intensidad dos ojos..., y esos ojos estaban clavados en ella.

Su mirada era torva y diabólica.

Texto III

La niña ahogó un grito y se apartó de la ventana. Atravesó disparada el dormitorio, se metió en la cama y se escondió debajo de la manta.

Allí permaneció acurrucada, silenciosa como un ratoncito y temblando de pies a cabeza.

Texto IV

El gigante se había parado ahora delante de la casa de la familia Goochey, que tenía una tienda de verduras a media calle y vivía encima del establecimiento.

Roald Dahl
El gran gigante bonachón, Alfaguara

2 Completa el siguiente fragmento, de manera que tenga sentido. Fíjate en el texto I, pero cambia las palabras por otras de similar significado. Después completa la información del recuadro.

Vio que el ___________ daba una ___________ atrás y dejaba la ___________ en el suelo, inclinándose para abrirla. De ella sacó una especie de ___________ de ___________ con ___________ de rosca. Lo destapó y echó el misterioso ___________ del ___________ en la larguísima ___________.

- Las palabras que he utilizado para completar el texto son ___________ o ___________, pues todas ellas designan seres, objetos o ideas.
- Los ___________ pueden ir precedidos de los ___________, cuyas formas son ______, ______, ______ y ______.

3 Rodea todos los artículos que encuentres en el texto que has completado en la actividad anterior.

4 Completa ahora este otro fragmento, de manera que tenga sentido. Fíjate en el texto II y cambia las palabras por otras de significado similar.

Sofía distinguió una ________________ cara muy ______________, ______________ y ______________, con unas orejas increíblemente ______________________. La nariz tan ________________ como un cuchillo, y encima, muy juntos, brillaban con ________________ intensidad dos ojos, y esos ojos estaban clavados en ella. Su mirada era ________ y __________.

Las palabras que he utilizado en la actividad 4 expresan una ________________ o una **característica** del **sustantivo.** Se trata, pues, de ________________________

5 Procede ahora con este tercer fragmento como en las actividades 2 y 4.

La niña ____________ un grito y se ____________ de la ventana. ______________ disparada el dormitorio, se ______________ en la cama y se ______________ debajo de la manta. Allí ______________ acurrucada, silenciosa como un ratoncito y temblando de pies a cabeza.

Las palabras con las que he completado el texto de la actividad 5 expresan una ______________ que se realiza en un ______________ **pasado, presente** o **futuro**. Esta clase de palabras recibe el nombre de ______________

6 El nombre del personaje de Sofía solo se menciona en el texto II. Imagina que el autor desea mantenerlo en secreto incluso en ese fragmento. ¿Por qué palabra podrías sustituirlo? Rodea la opción u opciones correctas y completa el resto de la información del recuadro.

- El nombre de *Sofía* puedo sustituirlo por: *a)* La. *b)* Ellas. *c)* Las. *d)* Ella.
- La palabra que he elegido sustituye a un ______________ y pertenece a la clase de palabras que se denominan ______________.

7 Finalmente, completa este último fragmento, de manera que tenga sentido. Fíjate en el texto IV; no es necesario que las palabras tengan el mismo significado. Después, completa también la información del recuadro.

El gigante se había parado ahora ______________ de la casa de la familia Goochey, que tenía una tienda de verduras a media calle y vivía ______________ del establecimiento.

Las palabras que he utilizado en la actividad 7 **no varían de forma** e **indican lugar.** Estas palabras reciben el nombre de ______________________.

8 Las palabras que faltan en la siguiente lista de preposiciones figuran en los cuatro fragmentos. Complétala.

Las preposiciones __________, ante, bajo, __________, contra, __________, desde, durante, __________, entre, hacia, hasta, mediante, __________, por, según, sin, sobre, tras, versus, vía.

9 En la última oración del texto I se utiliza una conjunción. Rodéala.

10 ¿A qué clase pertenece la palabra del bocadillo que sale del gigante? Indícalo.

__________ es una __________, pues es una **palabra invariable** que aparece entre **exclamaciones.**

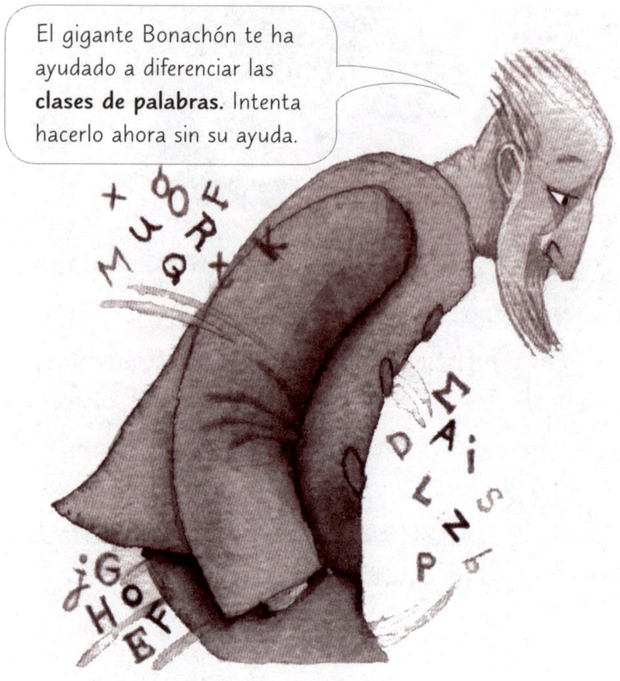

Las letras del viejo poeta

Era un poeta tan viejo, tan viejo, tan viejo, que por los agujeros del pantalón se le escapaban las letras que le llenaban el cuerpo y sus bolsillos de poeta.

Allá adonde iba el viejo poeta, dejaba un reguero de letras sueltas y perdidas, como el rastro de un caracol o las huellas de unos pies en el barro. Cualquiera podía saber si había pasado por allí, pues en el suelo quedaban las aes, las pes, las zetas y las haches de su universo creativo.

Y a veces, cuando el viejo poeta escribía un poema, le faltaban letras para concluir un verso, así que ya no podía rimar "amor" con "dolor", ni "alma" con "calma", ni "hermosura" con "locura", y sus poemas se hacían cada vez más extraños, más extravagantes, más absurdos. Tanto que ya la gente no los entendía.

Y cuando la gente no entiende a los poetas, piensa que estos están locos. Así que comenzaron a llamarle "loco".

Jordi Sierra i Fabra, Antonio García Teijeiro
Cuentos y poemas para un mes cualquiera, Planeta & Oxford

11 Elabora una lista con todos los sustantivos del tercer párrafo (si hay alguno repetido, escríbelo una sola vez). Copia también los artículos que acompañan a algunos de estos sustantivos.

____

12 Subraya todas las formas verbales del texto.

13 Completa la siguiente tabla con las formas verbales del indicativo presentes en el texto. ¿Qué tiempo predomina? Marca con un aspa la casilla correspondiente.

☐ *Presente*	
☐ *Pretérito imperfecto*	
☐ *Pretérito perfecto simple*	
☐ Pretérito pluscuamperfecto	

14 Realiza una lista con los adjetivos del texto y escribe entre paréntesis el sustantivo al que califica cada uno.

____

____

15 Fíjate en el texto de *Cuentos y poemas…* ¿A qué sustantivos sustituyen los pronombres subrayados en esta oración?

Y cuando esta no los entiende, piensa que estos están locos.

esta ______________ los ______________ estos ______________

16 ¿Qué característica tienen en común los adverbios, las preposiciones y las conjunciones? Busca ejemplos de cada tipo de estas tres clases de palabras en el penúltimo párrafo.

____

____

Ortografía Las letras mayúsculas

Se escriben con **mayúscula inicial**:

- La **primera palabra** de un texto y la que va después de un **punto** (**seguido** o **aparte**).
- Los **nombres propios** de personas *(Noelia, Hugo)*, animales *(Nemo)*, lugares *(Puebla de Sanabria)*, accidentes geográficos *(Genil)*, instituciones *(Instituto Cervantes)*, empresas *(El Corte Inglés)* y marcas comerciales *(Danone)*.
- Los **títulos** de obras de arte *(La Venus del espejo)* y de libros *(Las crónicas de Narnia)*.
- Las **épocas** *(Edad Moderna)* y **hechos históricos** *(Reconquista)*.

17 Subraya las palabras escritas con letra mayúscula inicial en el texto que está a continuación, y completa con ellas la tabla sobre el uso de las mayúsculas que figura debajo.

No era aún mediodía del domingo y había amanecido con un sol espléndido, así que Maija y Flipper decidieron dar una vuelta por el Rastro. Junto a la estatua de Cascorro compraron un juguete tibetano. El vendedor, con una gran sonrisa, les regaló un búho de la suerte.

Se fueron a comer a la Dehesa de la Villa. Después se quedaron medio dormidos con el caliente sol de febrero que se filtraba por los cristales de la terraza. Sin haberlo dicho, los dos pensaban en lo mismo y Flipper fue el primero en hablar.

–Yo no me fiaría de la gente de Canal Total. Deben estar tramando algo.

Enrique Páez
Devuélveme el anillo, pelo cepillo, Bruño

Primera palabra del texto	Después de punto y aparte	Después de punto y seguido
Nombres propios de personas	**Nombres propios de lugares**	**Nombres de empresas/instituciones**

18 Justifica por qué se escriben con mayúscula inicial las palabras del siguiente texto.

Recién acabada la Gran Guerra, Frank Leiner viajó por Europa con su flamante cámara Leika. En octubre, en París, tomó fotos de la Mona Lisa en el Louvre; en diciembre, los rostros de los mahories en Nueva Zelanda…

- Recién: ______
- Gran Guerra: ______
- Frank Leiner: ______
- Europa: ______
- Leika: ______
- En: ______
- París: ______
- Mona Lisa: ______
- Louvre: ______
- Nueva Zelanda: ______

19 Escribe mayúscula o minúscula, según corresponda, en los huecos del texto. Explica a la derecha qué regla has aplicado en los casos en los que has añadido mayúscula.

___amón ___aría del ___alle-___nclán ___ació en 1866 en ___illanueva de ___rosa, un pequeño ___ueblo ___allego. ___ursó estudios de ___achillerato en ___ontevedra. ___scribió numerosas ___bras, entre ellas las ___onatas. ___ue contemporáneo de ___ío ___aroja y ___osé ___artínez ___uiz, más conocido como «___zorín».

20 Completa los huecos en blanco de las siguientes oraciones con nombres propios.

a) Este verano, mi amigo ___ viajó a ___. Navegó por el río ___, subió las montañas del ___ y visitó impresionantes ciudades, como ___

b) En noviembre compré ___, un relato de ___, que hoy es mi libro favorito.

c) Siempre ha sido un muchacho tranquilo, amante de la pintura, en especial de la obra de ___. En su cuarto tiene colgada una reproducción del ___

d) Su mascota se llama ___, un perrito que recogió el lunes de la perrera de ___

21 Lee las oraciones de la actividad 20 y tacha la opción incorrecta en esta regla.

Los **días de la semana** y los **meses se escriben / no se escriben** con letra inicial **mayúscula.**

22 **Crucigrama.** Resuelve el crucigrama con los nombres propios correspondientes a las ocho «definiciones».

1. En esa región rusa hace mucho frío.
2. Es un río o un corte.
3. Un *Pedro* catalán.
4. Diminutivo de *Dolores*.
5. Provincia española que rima con *laurel*.
6. Sierra de Ávila y nombre de editorial.
7. Así se llamaba el caballo del Cid.
8. Esa chica tiene nombre de piedra.

23 Escribe un texto breve en el que aparezcan, al menos, un punto y seguido, el nombre de una mascota, el de un libro, una marca o empresa, y una fecha.

Dictado

24 Rodea todas las palabras que has escrito mal en el dictado y cópialas a continuación correctamente.

25 Construye una oración con cada palabra que has escrito en la actividad 24.

26 Completa el cuadro con palabras del texto que respondan a cada una de las reglas de uso de las mayúsculas que has estudiado. Si en alguna has cometido una falta de ortografía, no olvides copiarla correctamente.

Regla ortográfica	Palabras de texto
Primera palabra de un texto	
Palabra después de punto y seguido y de punto y aparte	
Nombres propios de persona	
Nombres propios de lugares y accidentes geográficos	
Títulos de libros y obras de arte	
Instituciones / empresas	

3 El sustantivo. La sílaba

Gramática **El sustantivo**

- El **sustantivo** es la palabra que sirve para designar **objetos, seres vivos** o **ideas**.
- Los **sustantivos** expresan **género** (**masculino** o **femenino**) y **número** (**singular** o **plural**).
- Según la realidad que nombran, existen **sustantivos abstractos** (designan **ideas** o **sentimientos**) o **sustantivos concretos** (designan realidades que percibimos por los sentidos).
- Los **sustantivos comunes** nombran **seres** u **objetos** con **características comunes**, y los **propios** señalan un **ser** u **objeto en particular** y lo distinguen de los de su misma clase.

1 Subraya todos los sustantivos que aparecen escritos en los siguientes titulares.

2 Indica el género y el número de los sustantivos comunes de la actividad 1.

incendio → masculino, singular ________ → ________

________ → ________ ________ → ________

________ → ________ ________ → ________

________ → ________ ________ → ________

________ → ________ ________ → ________

________ → ________ ________ → ________

________ → ________ ________ → ________

3 Escribe el femenino de las siguientes palabras.

escritor → ________ jabalí → ________ conde → ________

alcalde → ________ rey → ________ padrino → ________

actor → ________ poeta → ________ médico → ________

4 Coloca el artículo que corresponda delante de cada uno de los siguientes sustantivos.

- ___ águila
- ___ área
- ___ amas
- ___ agua
- ___ avión
- ___ haya
- ___ harina
- ___ alfileres
- ___ álbumes
- ___ arenas
- ___ hayas
- ___ alma
- ___ hambre
- ___ aula
- ___ hadas
- ___ hamaca
- ___ aurora
- ___ átomo

5 Clasifica los sustantivos que has subrayado en la actividad 1 en la siguiente tabla.

Sustantivos concretos	Sustantivos abstractos

6 Copia los nombres propios de la actividad 1 e indica qué realidad designan.

____

7 Completa la definición de sustantivo colectivo y escribe el sustantivo individual que corresponde a cada uno de los que figuran en la tabla.

Se denominan **sustantivos colectivos** aquellos que, en ____________________, designan un **conjunto de individuos** de la **misma clase**. Ejemplos: ____________________, ____________________

naranjal	hayedo	bandada	coro	plumaje
velamen	**tripulación**	**gente**	**equipo**	**tropa**
manada	**bosque**	**familia**	**plantilla**	**electorado**

8 Une cada sustantivo con su definición e indica, a la izquierda, la clase a la que pertenece.

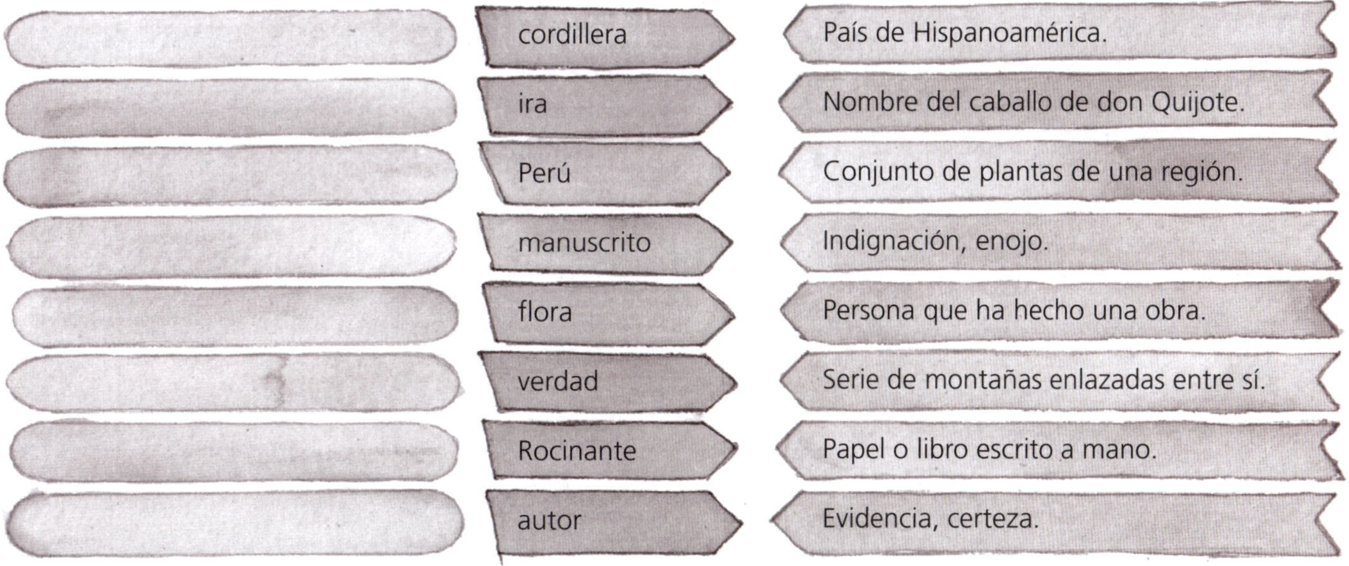

9 Inventa y escribe una historia en la que aparezcan todos los sustantivos de la actividad 8, y que además, incluya dos nombres propios de persona, dos nombres más de lugares (ciudades, accidentes geográficos…), otros tres sustantivos abstractos y tres colectivos.

____

____

____

El viaje de Arno

Hace más de ochocientos años, cuando en las tierras de Europa ardían cientos y cientos de hogueras a causa de saqueos y actos de guerra, en un tiempo en que casi todas las enfermedades eran incurables y muchas personas morían antes de los treinta años, un muchacho llamado Arno emprendió un largo y arriesgado viaje en solitario.

Empezaba el verano. El chico acababa de cumplir los trece años. Se proponía hacer realidad el sueño que alimentaba desde la infancia.

Iba a ofrecerse al rey de Turania para entrar en el cuerpo de arqueros reales. Era su única posibilidad para escapar de la aburrida existencia que le esperaba trabajando en la herrería de su tío, protector y único pariente vivo. [...]

Arno había sido adiestrado en el manejo del arco por un anciano maestro de armas, ya fallecido, que había pasado sus últimos años en la aldea en que vivía el muchacho.

Joan Manuel Gisbert
La maldición del arquero, Planeta & Oxford

10 Busca en el texto sustantivos que designen objetos, seres vivos e ideas. Rellena la tabla al menos con tres ejemplos de cada uno de ellos.

Objetos	Seres vivos	Ideas

11 Rodea con un círculo los artículos y tacha las contracciones que acompañan a algunos de estos sustantivos.

12 Anota los sustantivos del segundo párrafo cambiándoles el número y, cuando sea posible, el género.

Cambio de número ____________________

Cambio de género ____________________

13 Observa tu respuesta a la actividad 12. ¿Cómo se forma el plural de los sustantivos? ¿Y el femenino?

____

____

14 Elige tres sustantivos abstractos y tres concretos del texto. ¿Qué diferencia existe entre unos y otros?

Abstractos ____________________ Concretos ____________________

____

15 Enmarca todos los nombres propios del texto.

16 Redacta una pequeña historia en la que aparezcan los sustantivos de la actividad 12. El protagonista debe ser Arno, el mismo del relato.

____

____

____

____

Ortografía **La sílaba**

- Las palabras se dividen en **sílabas,** que pueden estar formadas por **un solo sonido** (que se corresponde con una **vocal**, como en *o-la*) o por **un grupo de sonidos** (que pueden ser **vocales**, como en *ai-re*, o **vocales** y **consonantes** como en *bru-to*).
- La **sílaba tónica** es aquella que se pronuncia con **más intensidad.** El resto de sílabas se denominan **átonas.**
- Según la **posición** de la **sílaba tónica**, las **palabras** se clasifican en **cuatro grupos**:

Agudas	Su sílaba tónica es la **última**: *mu-jer.*
Llanas	Su sílaba tónica es la **penúltima**: *lim-pio.*
Esdrújulas	Su sílaba tónica es la **antepenúltima**: *mé-di-co.*
Sobresdrújulas	Su sílaba tónica es **anterior** a la **antepenúltima**: *dí-ga-nos-lo.*

17 Subraya todas las palabras del texto que sean monosílabas.

Empezó entonces para Barbarita una nueva época de sobresaltos. Si antes sus oraciones fueron pararrayos puestos sobre la cabeza de Juanito para apartar de ella el tifus y las viruelas, después intentaban librarle de otros enemigos no menos atroces.

Benito Pérez Galdós
Fortunata y Jacinta, Alianza

18 Separa en sílabas las palabras del texto que no has subrayado.

19 Agrupa las palabras de la actividad anterior según sean agudas, llanas o esdrújulas.

Agudas	Llanas	Esdrújulas

20 Subraya la sílaba tónica de las siguientes palabras.

- calendario
- llovizna
- cartel
- buscavidas
- dramático
- cállate
- bárbaro
- ruiseñor
- cacatúa
- lápiz
- carbón
- vídeo
- rubí
- voluntad
- violín
- autopista
- victoria
- aérea
- contemporáneo
- títere
- detector

21 Relaciona mediante flechas las palabras de la columna de la izquierda con el grupo al que pertenecen según la posición de su sílaba tónica.

rosa, fértil, coche	agudas
camión, sofá, papel	esdrújulas
médico, brújula, héroe	sobresdrújulas
llévamelo, enséñamelo, pídeselo	llanas

22 Indica si las siguientes afirmaciones sobre la sílaba son verdaderas (V) o falsas (F).

La sílaba átona es aquella que se pronuncia con más intensidad.	
Son esdrújulas aquellas palabras cuya sílaba tónica es la antepenúltima.	
Son llanas aquellas palabras cuya sílaba tónica es la última.	
Son llanas aquellas palabras cuya sílaba tónica es la penúltima.	
Son agudas aquellas palabras cuya sílaba tónica es la última.	

23 Separa las sílabas de las siguientes palabras y rodea la sílaba tónica.

atleta	transformar	guante	contrabajo	paupérrimo
recógeselo	**subráyalo**	**taxi**	**algodón**	**reina**
zurcir	**regálaselos**	**océano**	**clavel**	**armario**
arrastrar	**honrado**	**árabe**	**armazón**	**coche**

24 Clasifica las palabras de la actividad anterior en agudas, llanas, esdrújulas o sobresdrújulas.

Agudas ________________________

Llanas ________________________

Esdrújulas ________________________

Sobresdrújulas ________________________

25 **Crucigrama silábico.** Completa las definiciones y pon una sílaba de cada palabra que has añadido en cada casilla. Cuando resuelvas el crucigrama, en la zona sombreada obtendrás el nombre de un personaje literario.

1. Molde con que se fabrica algo, la __________ de tus zapatos.
2. Pasador de pelo, __________
3. Es simpático, guapo, __________
4. Suena el __________, es para ti.
5. En castellano, única provincia catalana que no tiene mar: __________
6. Sacó una cámara e hizo una __________
7. Dijo __________ (adverbio de negación).
8. Costumbre, ceremonia, __________
9. Del verbo *dar*, imperativo, 2.ª persona del singular: __________
10. Al ciego le guiaba un __________ (título incompleto de una obra literaria).

1 ↓ 2 → 3 → 4 → 5 ↓ 6 ↓ 7 ↓ 8 → 9 → 10 ↓

¿Quién es el personaje? ________________

Dictado

26 Rodea todas las palabras que has escrito mal en el dictado y cópialas a continuación correctamente.

27 Construye una oración con cada palabra que has anotado en la actividad anterior.

28 Completa el cuadro con al menos cuatro ejemplos del texto que respondan a cada uno de los casos estudiados en la página 19 sobre palabras agudas, llanas y esdrújulas. Si en alguna has cometido una falta de ortografía, no olvides copiarla correctamente.

Regla ortográfica	Palabras de texto
Palabra agudas	
Palabras llanas	
Palabras esdrújulas	

4 El adjetivo. Reglas generales de acentuación

Gramática El adjetivo

- Los **adjetivos** son **palabras variables** que expresan una **cualidad** o **característica** del **sustantivo,** con el que concuerdan en **género** y **número**: *libro entretenido* (masculino singular), *mujeres morenas* (femenino plural).
- Los adjetivos también expresan **grado**, que puede ser **positivo** *(bello)*, **comparativo** *(más / menos / tan bello como)* y **superlativo** *(muy bello, el más bello, bellísimo)*.
- Los **epítetos** son **adjetivos** que expresan una **cualidad** que **siempre posee** el **sustantivo** al que acompañan: *oscura sombra.*
- Los **gentilicios** son adjetivos que expresan la procedencia del sustantivo: *burgalés, ruso.*

1 Subraya los adjetivos que encuentres en los siguientes títulos de películas.

cartelera

La mejor juventud
El caballero oscuro
El Hobbit: un viaje inesperado
Destino fatal
La vida secreta de las palabras
La casa de las dagas voladoras
Las hermanas enfadadas
El lado bueno de las cosas
La loca historia de las galaxias
El ángel exterminador

2 Subraya los adjetivos del texto, rodea los sustantivos a los que califican y clasifícalos en la tabla inferior.

Ese monte que hoy llaman de las Ánimas pertenecía a los templarios, cuyo convento ves allí, a la margen del río. Los templarios eran hombres guerreros y religiosos a la vez. Conquistada Soria a los árabes, el rey los hizo venir de lejanas tierras para defender la ciudad por la parte del puente, haciendo en ello notable agravio a los nobles de Castilla, que solos la habían conquistado.

Entre los caballeros de la nueva y poderosa Orden y los hidalgos de la ciudad fermentó por algunos años, y estalló al fin, un odio profundo.

Gustavo Adolfo Bécquer
«Cartas desde mi celda», en *Rimas y Leyendas*, Cátedra

Masculino singular	Masculino plural	Femenino sigular	Femenino plural

3 Completa la información de las siguientes oraciones.

a) Los adjetivos que terminan en *-os* hacen el femenino en ______________

b) Los femeninos de los adjetivos *internacional, valiente* y *vital* son, respectivamente, ______________ ______________ y ______________

c) Los plurales de los adjetivos *feliz* y *gris* son, respectivamente, ______________ y ______________

d) Los femeninos de *feliz* y *gris* son, respectivamente, ______________ y ______________

4 Rellena correctamente la información de los recuadros.

Algunos adjetivos presentan **formas especiales** para los **grados comparativo** y ____________

Positivo	Comparativo	Superlativo
bueno	mejor	
malo		
		mínimo
	mayor	

Existen tres **formas** de **grado comparativo:**

- De ____________: *más* caro *que.*
- De ____________: *tan* caro *como.*
- De ____________: *menos* caro *que.*

5 Subraya en el texto adjetivos en grado positivo, enmarca con un rectángulo los que estén en grado comparativo y rodea con un círculo los que tengan grado superlativo.

Bernardino era muy delgado, con la cabeza redonda y rubia. Iba peinado con un flequillo ralo, sobre sus ojos de color pardo, fijos, huecos, como si fueran de cristal. A pesar de vivir en el campo, estaba pálido, y también vestía de un modo un tanto insólito. Era muy callado, y casi siempre tenía un aire entre asombrado y receloso, que resultaba molesto. Acabábamos jugando por nuestra cuenta y prescindiendo de él, a pesar de comprender que eso era bastante incorrecto. Si alguna vez nos lo reprochó el abuelo, mi hermano mayor decía:

–Ese chico mimado… No se puede contar con él.

Ana M.ª Matute
El árbol de oro y otros cuentos, Bruño

6 Señala si en estas oraciones los adjetivos aportan cualidades objetivas o subjetivas al sustantivo.

a) Bernardino era muy delgado, con la cabeza redonda y rubia. A mí siempre me pareció un poco chismoso.

b) Iba peinado con un flequillo ralo sobre sus ojos de color pardo.

c) Ese chico es un mimado. Sí, ese de ahí, el del traje de color blanco y azul.

Cualidades objetivas	Cualidades subjetivas

7 Escribe, tanto en masculino como en femenino, los gentilicios que correspondan.

- París → ____________
- León → ____________
- Vizcaya → ____________
- San Sebastián → ____________
- Berlín → ____________
- Extremadura → ____________
- Dinamarca → ____________
- Ecuador → ____________
- Irak → ____________
- Buenos Aires → ____________

8 Realiza una breve descripción en la que aparezcan al menos un adjetivo en grado superlativo, uno en grado positivo y dos epítetos.

____

____

____

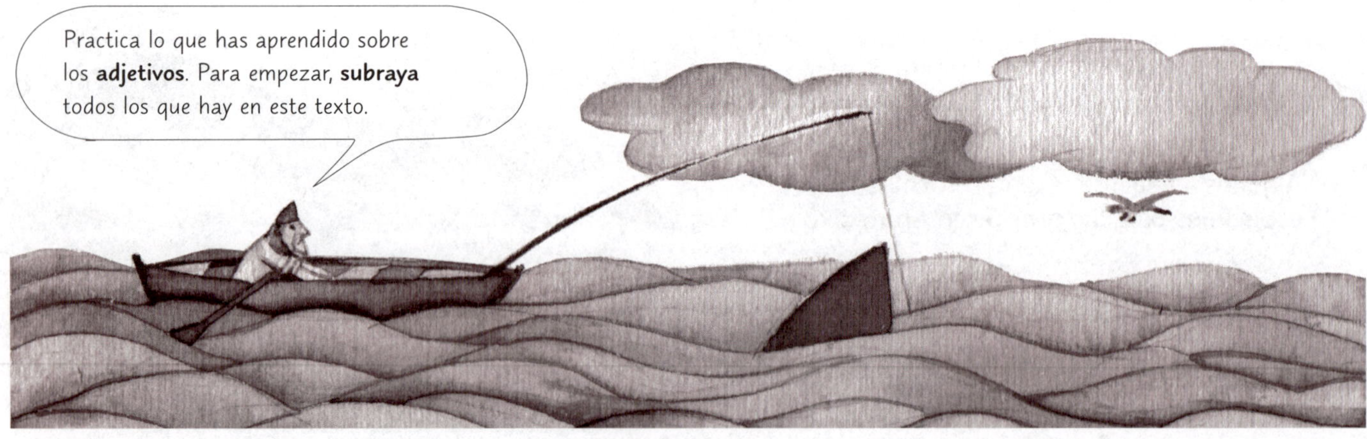

El tiburón azul

Su lomo era tan azul como el de un pez espada y su vientre era plateado y su piel era suave y hermosa. Estaba hecho como un pez espada, salvo por sus enormes mandíbulas, que iban herméticamente cerradas mientras nadaba, justamente bajo la superficie, su alta aleta dorsal cortando el agua sin oscilar. Dentro del cerrado doble labio de sus mandíbulas, sus ocho filas de dientes se inclinaban hacia dentro. No eran los ordinarios dientes piramidales de la mayoría de los tiburones. Tenían la forma de los dedos de un hombre cuando se crispaban como garras. Eran casi tan largos como los dedos del viejo y tenían filos como de navajas por ambos lados. Este era un pez hecho para alimentarse de todos los peces del mar que fueran tan rápidos y fuertes y bien armados que no tuvieran otro enemigo. Ahora al percibir el aroma más fresco, su azul aleta dorsal cortaba el agua más velozmente.

Ernest Hemingway
El viejo y el mar, Planeta

9 Completa la siguiente tabla con los adjetivos que has subrayado e indica entre paréntesis el sustantivo al que califican. Recuerda que concuerdan en género y número.

Masculino singular	Masculino plural	Femenino sigular	Femenino plural

10 ¿Cuáles de los adjetivos anteriores presentan dos terminaciones? ¿Cuáles tienen una sola forma para el masculino y para el femenino?

Dos terminaciones ____

Una terminación ____

11 Observa tu respuesta a la actividad 10 y completa la información del recuadro.

Los adjetivos del texto terminados en ______ o en ________________ tienen una **misma forma** para el **masculino** y para el **femenino**.

12 Escribe adjetivos epítetos para cada uno de los siguientes sustantivos.

agua → ______________ héroe → ______________ fuego → ______________

mar → ______________ cielo → ______________ mármol → ______________

13 Busca entre los adjetivos de este fragmento de Hemingway al menos uno que exprese grado comparativo.

____

Ortografía Reglas generales de acentuación

Se escriben **con tilde:**

- Las palabras **agudas** que terminan en **vocal**, *-n* o *-s: sofá, camión, revés.*
- Las palabras **llanas** que no terminan **ni** en **vocal, ni** en *-n,* ni en *-s: fértil, Félix, cáliz.*
- Todas las **esdrújulas** y **sobresdrújulas:** *brújula, dígaselo.*

14 **Rodea todas aquellas palabras del texto que sean agudas y, además, lleven tilde.**

Un perro flaco y tímido se aproximó y a una suave llamada de Kino se acurrucó, colocó el extremo de la cola sobre sus patas y apoyó delicadamente su hocico sobre una estaca hundida en el suelo. [...]

Cuando atravesó la puerta, Juana estaba en pie, algo apartada del centelleante fogón. Devolvió a Coyotito a su cuna y empezó a peinarse la negra cabellera hasta formar dos trenzas a cuyos extremos ató dos cintas verdes. Kino se agachó junto al hogar, extrajo una tortilla caliente, la mojó en salsa y se la comió.

John Steinbeck
La perla, Edhasa

15 **En el siguiente texto faltan algunas tildes. Escríbelas correctamente.**

Pepon y Brıgida eran dos extraños personajes. Él decidio un día que nunca más se iba a levantar de su comodo sillon, y ası lo cumplio definitivamente: su perro Sultan le acercaba el periodico, el azucar para el cafe, incluso el mando de la tele... Brıgida era una mujer de caracter tımido y figura menuda, a la que gustaba hacer visitas de cortesía. Siempre vestía un gaban marron deslucido, hasta en los torridos días de verano. A pesar de todas sus manías, lo cierto es que eran dos simpaticos personajes. Por eso nos entristecio tanto saber que se mudaban a un lejano pueblo que ni siquiera figuraba en los mapas.

16 **Clasifica en agudas, llanas y esdrújulas las palabras a las que has añadido tilde en el texto anterior.**

Agudas ______________________________

Llanas ______________________________

Esdrújulas ______________________________

17 **Esta tabla contiene los nombres de algunos grandes escritores en lengua castellana, junto a una de sus obras. Pon las tildes que faltan para que autores y títulos aparezcan correctamente escritos.**

Autores	Obras
Jorge Guillen	*Cantico*
Ramon Marıa del Valle-Inclan	*La cabeza del dragon*
Juan Ramon Jimenez	*Canta, pajaro lejano*
Carmen Martın Gaite	*Cuentos completos y un monologo*
Benito Perez Galdos	*Bailen*
Pedro Calderon de la Barca	*El magico prodigioso*
Miguel Hernandez	*Elegia a Ramon Sije*

18 Coloca la tilde sobre la vocal adecuada en las siguientes palabras.

- petroleo
- arbol
- fragil
- sacudiendolo
- fenix
- vıctima
- aquı
- helicoptero
- miro
- camara
- ındice
- cabas
- llamaselo
- cercanıas
- dolares
- lastima
- capitan
- ultimo
- atras
- salon
- arreglaselo
- cesped
- anonimas
- tambien

19 Agrupa las palabras de la actividad anterior, según sean agudas, llanas, esdrújulas o sobresdrújulas.

Agudas	Llanas	Esdrújulas	Sobresdrújulas

20 Pon las tildes que faltan en los siguientes titulares de periódico.

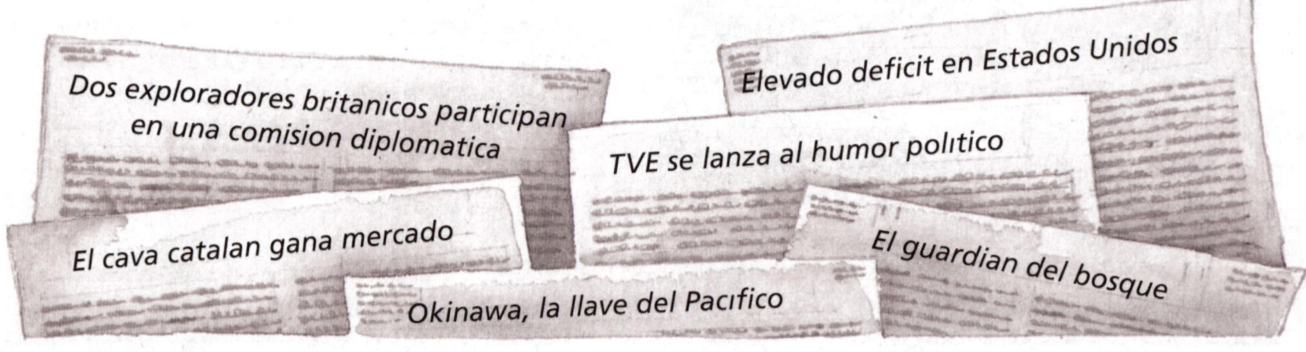

21 Inventa un texto que contenga cinco palabras agudas, cinco llanas, cinco esdrújulas y tres sobresdrújulas que lleven tilde.

____

____

____

____

____

22 **Sopa de letras.** Busca en esta sopa de letras diez palabras que se escriban con tilde. Para que te resulte más sencillo, completa primero estos diez términos.

D	V	Á	L	V	U	L	A	L
E	O	Á	U	S	A	I	T	Ú
S	X	I	N	É	S	V	R	T
V	L	J	R	I	X	E	S	I
Á	P	A	O	B	M	I	Ú	L
N	M	Y	Z	C	N	O	T	L
C	A	N	T	Ó	P	E	A	O
Z	E	R	R	É	I	T	U	G
E	J	A	P	O	N	É	S	A

Á _ _ _ O

C _ _ _ Ó

D _ _ _ _ N

É _ _ _ O

G _ _ _ _ _ _ _ Z

I _ _ S

J _ _ _ _ _ S

Ú _ _ L

V _ _ _ _ _ A

Dictado

23 Rodea todas las palabras que has escrito mal en el dictado y cópialas a continuación correctamente.

24 Construye una oración con cada palabra que has escrito en la actividad anterior.

25 Completa el cuadro con palabras del texto que respondan a los casos estudiados en la página 25 sobre las reglas de acentuación. Si has cometido alguna falta de ortografía, no olvides copiarla correctamente.

Regla ortográfica	Palabras del texto
Palabras agudas	
Palabras llanas	
Palabras esdrújulas	

26 Razona por qué llevan tilde las palabras del cuadro de la actividad 25.

- Las palabras ______ llevan tilde porque son agudas y acaban en vocal.
- Las palabras ______ llevan tilde porque son agudas y acaban en *–n.*
- La palabra ______ lleva tilde porque es llana y no acaba en vocal ni en *–n,* ni en *–s.*
- Las palabras ______ llevan tilde porque son esdrújulas y todas las palabras esdrújulas la llevan.

5 Los determinantes. Acentuación de diptongos, triptongos e hiatos

Gramática Los determinantes

- Los **determinantes acompañan al sustantivo** (con el que concuerdan en género y número) y **seleccionan** el objeto al que se refiere el hablante.
- Los principales tipos de determinantes son los **artículos** *(las piedras)*, los **demostrativos** *(estas personas)*, **posesivos** *(sus libros)*, **numerales** *(cuatro plumas, tercer hombre)* e **indefinidos** *(varias propuestas)*.

1 Subraya los determinantes que aparecen en estos titulares de prensa.

Un periodista presidirá por segundo año la televisión

El temporal de lluvias dura ya ocho días

Aquella carrera fue una sorpresa

El primer ministro pasó revista a las tropas destacadas en el exterior

Este eclipse durará siete minutos y treinta y un segundos

Fernando Alonso suma otro Gran Premio y gana la carrera del siglo

Cualquier mercado rentable tiene su talón de Aquiles

Hiroshima, seis décadas desde aquel terrible día

George Méliès, toda una vida dedicada al cine

2 Completa los espacios en blanco para que estas afirmaciones sean correctas.

- Los **artículos** precisan el significado del ____________________
- Los **determinantes demostrativos** expresan ____________________
- Los ____________________ expresan **pertenencia.**
- Los **determinantes numerales** expresan una **cantidad exacta** (__________) o un **orden preciso** (__________).
- Los ____________________ expresan **cantidad indeterminada.**

3 Clasifica los determinantes de la actividad 1 en la tabla inferior. Escribe entre paréntesis el sustantivo al que acompañan.

Artículos	Demostrativos	Posesivos	Numerales		Indefinidos
			Ordinales	Cardinales	

4 **Puzle.** Coloca las piezas del puzle y obtendrás una tabla con los determinantes posesivos.

DETERMINANTES POSESIVOS		1.ª persona		2.ª persona		3.ª persona	
		masculino	femenino	masculino	femenino	masculino	femenino
Un poseedor	singular	mi / mío			tu / tuya	su / suyo	
	plural						
Varios poseedores	singular	nuestro			vuestra		su / suya
	plural		nuestras	vuestros			

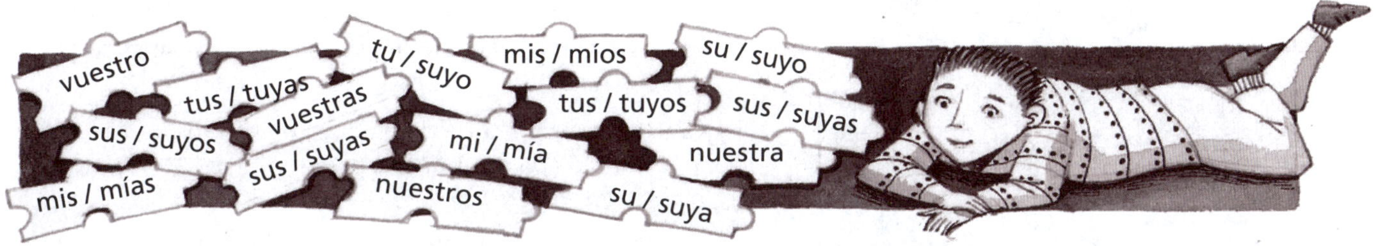

5 Rodea los determinantes del siguiente texto. A continuación, clasifícalos.

Unos meses después de la publicación de esta primera parte del Quijote, caía malherido Gaspar de Ezpeleta en el portal de la casa de Cervantes. Dos días después moría... Se interrogó a todos los vecinos de la casa y ciertas mujeres y algunos hombres acabaron en la cárcel, entre ellos el mismo Cervantes. Poco a poco los interrogatorios desvelaron su inocencia.

Rafael Minués Fernández
Cervantes, Akal (Adaptación)

____

6 Subraya los determinantes numerales de este otro fragmento y separa los cardinales de los ordinales. Después, rodea los sustantivos a los que acompañan.

Tres fantasmas rojos estaban muy atareados descargando damajuanas[1] que cogían de una escalera portátil en la primera galería y en la segunda. Esta partía de la cámara de Predestinación[2] Social. Cada envase podía colocarse en uno de los quince bastidores que, aunque a la vista de los visitantes no lo pareciese, era un transportador con velocidad de treinta y tres centímetros y un tercio por hora. Doscientos setenta y siete días a razón de ocho metros diarios. En total, dos mil ciento treinta y seis metros.

Aldous Huxley
Un mundo feliz, Espasa Calpe (Adaptación)

[1] **damajuanas:** recipientes de vidrio o barro cocido para contener líquidos.

[2] **Predestinación:** destino, fortuna.

Numerales cardinales ______________________________

____

Numerales ordinales ______________________________

7 Escribe el determinante numeral ordinal que corresponde a los siguientes numerales cardinales.

- uno → ____________
- ocho → ____________
- doce → ____________
- cuatro → ____________
- diez → ____________
- catorce → ____________
- siete → ____________
- once → ____________
- dieciséis→ ____________

Alceo y la hija del rey

Al cumplir dieciocho años, Alceo ya medía dos metros de altura —y ningún escrito que conozcamos afirma que detuviese su crecimiento—, también superaba en fuerza y valor a la mayoría de sus contemporáneos. Sus ojos refulgían y allí donde ponía la mirada clavaba la flecha; tan infalible era su puntería.

Para ponerse a prueba, decidió cazar un león inmenso y muy feroz que causaba estragos en los rebaños de su padre, Anfitrión, y en los de Tespio, rey de Tespias.

El rey Tespio se sintió muy halagado cuando Alceo le pidió hospitalidad mientras durase la cacería. En realidad, este monarca tenía sus teorías personales sobre la mejora de los linajes y decidió aplicarlas.

La primera noche que Alceo pasó en el palacio de Tespio, el rey le obsequió con un gran banquete y, al acabar, le presentó a su hija mayor, Procris.

Procris guiñó el ojo con coquetería al joven y Alceo se quedó sin palabras y con una enorme sonrisa de bobo. Aquella noche resultó inolvidable.

Montserrat Viladevall, Toni Llacay
Héroes y heroínas. Los favoritos de los dioses, Oxford & Planeta

8 Clasifica los determinantes que has subrayado del texto en la siguiente tabla. Escribe entre paréntesis el sustantivo al que precisan y completa la información del recuadro.

Demostrativos	Posesivos	Indefinidos	Numerales

Los **determinantes** son palabras ______________________ el objeto al que se refiere el hablante.

9 Observa que el determinante y el sustantivo concuerdan en género y número. Elige diez ejemplos del texto e indica cuál es el género y el número de los determinantes. No repitas aquellos que aparecen en más de una ocasión.

este monarca → masculino, singular | ________ → ________
________ → ________ | ________ → ________
________ → ________ | ________ → ________
________ → ________ | ________ → ________
________ → ________ | ________ → ________

10 Sustituye por artículos los determinantes demostrativos, posesivos, indefinidos y numerales de la actividad 9 y responde la pregunta.

____

____

- ¿Qué clase de palabra entra dentro de la categoría de los determinantes? ________________

Ortografía Acentuación de diptongos, triptongos e hiatos

- Se denomina **diptongo** la **unión** de **dos vocales** en una **misma sílaba**; y **triptongo**, la **unión** de **tres vocales**: cianuro, limpiáis.
  - Las palabras que contienen **diptongos** o **triptongos** siguen las **reglas generales de acentuación**: *pa-sión* (aguda), *es-tiér-col* (llana), *náu-fra-go* (esdrújula).
  - La **tilde** se coloca sobre la **vocal abierta** del **diptongo** *(a, e, o)*: *ciénaga*.
- El **hiato** está formado por **dos vocales** en contacto que pertenecen a **sílabas diferentes**: *pe-on-za*, *ma-ní-a*.
  - Las palabras que contienen **hiatos** siguen las **reglas generales** *(le-ón, ge-ó-gra-fo)*, **excepto** cuando el **acento** recae sobre la **vocal cerrada** *(i, u)*. En ese caso, llevan siempre tilde sobre esa vocal: *te-ní-a*, *a-ú-pa*.

11 Lee el texto y copia en la tabla que se ofrece debajo todas las palabras que contengan un diptongo o un hiato.

Maribárbola

Maribárbola vivía en España desde hacía algún tiempo. Había aprendido con soltura su oficio y, aunque no había perdido el deje alemán que imprimía a sus palabras, se hacía entender con toda claridad.

Si algo la caracterizaba era su capacidad para ver siempre más allá de lo que aparentemente significaban las cosas, fruto, más que de su inteligencia, de una sagacidad nacida de la desconfianza y la incertidumbre a la que la vida la había sometido siempre. Eso la hacía mirar con recelo a cuantos desconocía y a mostrarse fría y altanera con aquellos que intentaban tomar diversión a su costa. Aunque tenía fama de hosca, yo le conocí tales arrebatos de alegría y un desvelo de bondad para conmigo que desmienten toda maledicencia. Su frase preferida, que murmuraba siempre en alemán, ante el desconcierto de los demás, era man trägt das Licht in sich, *es decir, «la luz se lleva dentro».*

Eliacer Cansinos
El misterio Velázquez, Bruño

Palabras con diptongo	Palabras con hiato

12 Explica por qué lleva tilde la palabra *diversión*.

13 ¿Por qué no llevan tilde el resto de las palabras con diptongo de la actividad 11?

14 Explica por qué llevan tilde las palabras con hiato de la actividad 11.

15 Subraya los diptongos de las siguientes palabras.

- armario
- clemencia
- miedo
- ciempiés
- viajero
- sabéis
- ciudad
- autobús
- europea
- huésped
- cuidado
- cuatro
- péinate
- también
- huevo
- rey

16 Subraya los triptongos de las siguientes palabras.

- averiguáis
- anunciáis
- acentuáis
- columpiéis
- continuáis
- acariciéis
- apreciéis
- despreciéis

17 Fíjate en las palabras de la actividad anterior y completa la siguiente información sobre la acentuación de los triptongos.

Los **triptongos** se acentúan siguiendo las ______________________. Si el triptongo lleva tilde, esta se coloca sobre la vocal ______________

18 Subraya la sílaba tónica de las siguientes palabras y escribe con tilde aquellas que lo precisen.

poetico → ______________
ruido → ______________
balompie → ______________
catastrofe → ______________
fuego → ______________
ventana → ______________
Raul → ______________
autonomias → ______________
oleo → ______________
boa → ______________
reo → ______________
empleado → ______________
sueldo → ______________
aereas → ______________
lio → ______________
matematicas → ______________
heroe → ______________
venia → ______________
direis → ______________
explicacion → ______________
area → ______________

19 Indica qué palabras de la actividad anterior contienen hiato.

____

____

20 Clasifica en la siguiente tabla las palabras de la actividad anterior.

Diptongos con tilde	Diptongos sin tilde

21 Explica por qué llevan tilde las palabras de la actividad anterior.

____

____

22 Escribe tres palabras con diptongo y tres con hiato que no hayan aparecido en estas páginas.

Con diptongo ____

Con hiato ____

Dictado

23 Rodea las palabras que has escrito mal en el dictado y cópialas a continuación correctamente.

24 Construye una oración con cada una de las palabras que has escrito en la actividad anterior.

25 Explica por qué no llevan tilde las siguientes palabras del texto.

- impávido →
- lugar →
- hubiera →
- posición →
- túnel →

26 Justifica por qué llevan tilde las siguientes palabras con hiato del texto: seguía, podían, frío.

27 Copia las siguientes palabras donde corresponda según contengan diptongo o hiato.

día	hubiera	excavación	ambiente	menguante	plateada	parecían

Con diptongo

Con hiato

6 Los pronombres. Uso de la *h*

Gramática Los pronombres

- Los **pronombres** son palabras que **sustituyen** a los **sustantivos** o **nombres**.

Clases de palabras	
Personales	Señalan las **personas gramaticales** *(yo, tú, él / ella…; me, ti, lo, las, le, consigo…).*
Demostrativos	Indican **proximidad** o **lejanía** *(este, esas, aquello…).*
Posesivos	Indican **pertenencia** *(mío / a, tuyos / as, suyo / a, nuestro / a / os / as…).*
Numerales	Indican **cantidad exacta** (**cardinales**: *uno, dos, tres…,* cien…, mil…) u **orden** (**ordinales**: *primero, segundo, tercero…, centésimo…, milésimo…).*
Indefinidos	Indican una **cantidad indeterminada** *(alguien, nadie, cualquiera…).*

1 Subraya los pronombres que aparecen en los siguientes títulos de películas y series de televisión.

CARTELERA

Nada que perder
Tú, yo y ahora… Dupree
Ya no somos dos
Me lo dices o me lo cuentas
Hoy empieza todo
Esta es mi tierra
Cualquiera puede ser un asesino
Nosotros en particular

Harry, un amigo que os quiere
Eso no es mío
Y entonces llegó ella
Loco por ti
Nadie conoce a nadie
Diabólicamente tuyo
A solas contigo
Ustedes, los ricos

2 Clasifica los pronombres que has subrayado en la actividad 1 en la siguiente tabla.

Personales	Demostrativos	Posesivos	Numerales	Indefinidos

3 Clasifica según su persona y número los pronombres personales de los títulos de la actividad 1.

	1.ª persona	2.ª persona	3.ª persona
Singular			
Plural			

4 Escribe una oración en la que aparezca un pronombre numeral ordinal.

____

5 **Subraya todos los pronombres de las siguientes oraciones y clasifícalos en las líneas inferiores.**

a) Estábamos las dos tumbadas sobre la arena, ella a un lado de la sombrilla y yo al otro.

b) La casa estaba a cien metros del viejo molino, en un solitario rincón del bosque.

c) Su perro era más grande que yo. Me daba mucho miedo.

d) ¿Este libro de Literatura es tuyo? No, el mío es aquel, el que está sobre la silla.

e) ¡Atención! Poneos en fila, uno detrás de otro.

f) Quedó cuarto en aquel campeonato de ajedrez.

____

____

6 **Completa la información del recuadro.**

- Para referirnos al **emisor** utilizamos los pronombres ______________________
- Para referirnos al **receptor** utilizamos los pronombres ______________________
- Para referirnos a **otros seres o cosas** utilizamos los pronombres ______________________ __________
- Los **pronombres posesivos** pueden referirse a ______________, como en el ejemplo *los juegos son tuyos,* o a ______________, como en el ejemplo ______________

7 **Clasifica estos pronombres. Señala la persona en el caso de los pronombres personales.**

conmigo		**alguien**	
vuestros		**sí**	
undécimo		**aquellos**	

8 **Subraya los pronombres del siguiente texto e indica debajo de qué tipo son.**

Las señoras se bebieron apresuradamente el té y empezaron a despedirse. Al estrecharle la mano a la tía dejaban caer dinero en una caja que ella les acercaba, y la tía les daba las gracias. Luego la doncella acompañaba a las señoras hasta la puerta, y por fin desaparecieron todas. Al final resultó que no era suyo de verdad, sino para una obra de caridad [...], y Ana se sintió defraudada por esto. Se revolvió inquieta en su asiento, y la tía debió de notarlo y dijo:«Ya puede usted traer la merienda de verdad».

Judith Kerr
Cuando Hitler robó el conejo rosa, Santillana

____

____

9 **Rodea todos los determinantes del texto de la actividad 8 junto al sustantivo al que están acompañando.**

El favor del César

—¿Qué harías tú por el César?

—¿Qué hay de las tierras? —pregunta a su vez Scaper.

—Todo quedó en agua de borrajas —responde Raro.

—¿Y de mi puesto de capitán tampoco hay nada?

—De tu puesto de capitán tampoco hay nada.

—Pero ¿tú sigues siendo su secretario? [...] ¿le ves?

—Sí.

—¿Y no puedes conseguir que haga algo por mí?

—Ya no puede hacer nada por nadie. Todo ha fracasado. Mañana le matarán como a una rata. Bueno, contéstame, ¿qué harías tú por él?

Bertolt Brecht
«César y su legionario», en *Historias de almanaque*,
Alianza (Adaptación)

10 ¿Qué clases de pronombres no aparecen en este texto?

____

11 Completa esta otra tabla con todas las formas de los pronombres personales.

Persona	Singular	Plural
1.ª (emisor)		
2.ª (receptor)		
3.ª (otras personas)		

12 Los pronombres personales a veces van unidos al verbo formando una sola palabra. Marca con un aspa un ejemplo en el texto.

13 Completa con los siguientes pronombres los espacios en blanco, de forma que el texto tenga sentido.

lo · este · él · consigo · ellos · todos · la · quienes

El legionario y su amigo charlaban preocupados. ______ / ______ pensaban que aquellos días en Roma reinaba la violencia. ______ / ______ sabían que los enemigos de César preparaban una conspiración contra ______. De hecho, el emperador siempre llevaba ______ una daga. ______ escondía debajo de su manto. Un día dejó ______ tirado sobre un banco y ______ allí estaban pudieron ver ___.

14 Clasifica correctamente los siguientes pronombres.

estas	míos	quinto
algo	otras	tú
algunos	se	décimo
suyo	vuestras	les
varios	tres	alguien

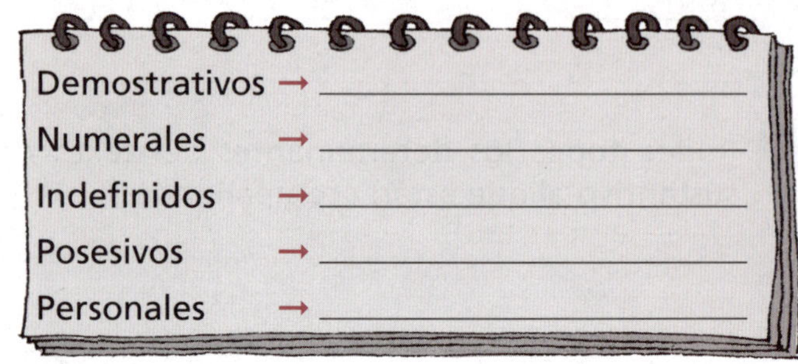

Ortografía Uso de la *h*

Se escriben con ***h***:

- Todas las formas de los verbos ***haber***, ***hacer***, ***hablar*** o ***habitar***.
- Las palabras que empiezan por ***hie-***, ***hue-***, ***hui-***: *hiedra, huevo, huidizo.*
- Las palabras que empiezan por *hiper-* («superioridad, exceso»), ***homo-*** («igual»), ***hemi-*** («medio, mitad»), ***hemo-*** o ***hemato-*** («sangre»), ***hidro-*** («agua»): *hipermercado, homólogo, hemisferio, hidroterapia.*

15 Rodea con un círculo todas las palabras del siguiente texto que se escriben con *h* inicial.

Cuando llegaba la hora de comer, la niña cogía el plato que su madre le dejaba tapado, al arrimo de las ascuas. Lo llevaba a la ventana y comía despacito, con su cuchara de hueso. Tenía a Pipa en las rodillas, y le hacía participar de su comida.

—Abre la boca, Pipa, que pareces tonta…

Doña Clementina la oía en silencio: la escuchaba, bebía cada una de sus palabras. Igual que escuchaba el viento sobre la hierba y entre las ramas, la algarabía de los pájaros y el rumor de la acequia.

Ana M.ª Matute
El árbol de oro y otros relatos, Bruño

16 Completa las siguientes afirmaciones con los términos que has marcado en la actividad anterior y explica por qué estos se escriben con *h*.

- ***Hueso*** se escribe con *h* porque empiezan por ________
- ***Hierba*** se escribe con *h* porque contienen la sílaba ________
- ***Hacía*** se escribe con *h* porque es una forma del verbo ________

17 Rodea las palabras con *h* y explica qué norma cumplen.

La capital argentina de Córdoba, homónima de la española, ha sabido conservar sus edificios coloniales. Al visitarla, apreciamos las huellas que su historia nos ha legado. En ella, además, existen importantes parajes naturales, como el dique La Quebrada, que constituye una reserva hídrica natural. La zona fue declarada reserva natural, la Red Hemisférica de Reservas de Aves Playeras.

- ____________ se escribe con *h* porque empieza por ______
- ________________ se escriben con *h* porque son formas del verbo ______
- ____________ se escribe con *h* porque empieza por ______
- ____________ se escribe con *h* porque empieza por ______
- ____________ se escribe con *h* porque empieza por ______

18 Une cada una de estas palabras con la definición adecuada.

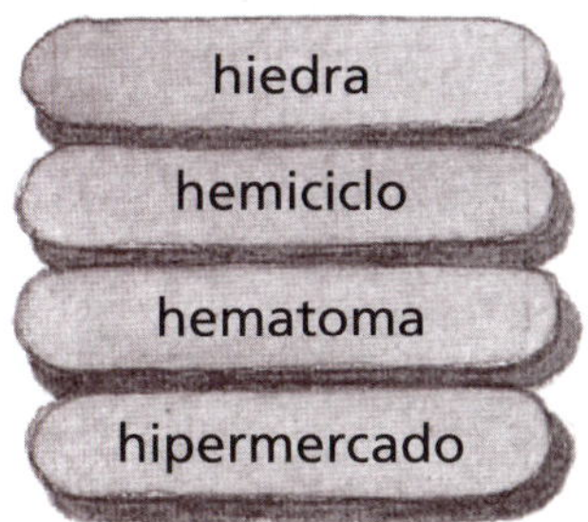

- Gran supermercado con mucha variedad de productos.
- Acumulación de sangre en un tejido por rotura de un vaso sanguíneo.
- Espacio donde se celebran las sesiones del Congreso.
- Planta trepadora.

19 Escribe la letra *h* donde corresponda. Presta atención, porque no todas las palabras la llevan.

- ___ábitat
- ___embra
- ___ielo
- ___ombre
- ___idiotez
- ___orror
- ___alco___ol
- ___envidia
- ___olor
- ___istoria
- ___aspecto
- ___a___ijado
- ___acha
- ___echo
- ___éctor
- ___atleta
- ___ojeras
- ___ostal
- ___uésped
- ___ospital
- in___óspito
- ___orfanato
- ___uérfano
- ___uevo
- ___ovalado
- ___alcón
- ___ongo
- ___ojalata
- a___ora
- ___ectómetro
- ___echizo
- ___uerto
- ___álbum
- ___ambiente
- ___ierba

20 Añade *h* en las palabras que creas oportuno para completar las siguientes oraciones.

a) En la casa había siempre un agradable ___olor a jazmín y a alba___aca.

b) ¡Qué mal ___uele aquí! —gritó Marcos, tapándose la nariz.

c) Tras un día entero en el campo, ___olíamos a ___eno, leña de ___orno y a pan recién ___echo.

d) El ___éroe se ___echó sobre la cama, agotado por rescatar a tantas damas del reino.

e) En el tronco del árbol ___abía un escondite, un ___ueco donde los niños escondíamos nuestros tesoros.

f) El ___incendio provocó un ___umo gris que cubría toda la ciudad.

g) Los trabajadores se negaron a entrar a trabajar: estaban en ___uelga.

h) ¡___ay! —exclamó el ___ada, mientras se curaba una ___erida.— Me he ___echo daño. Realmente, se ___abía dado un golpe muy fuerte.

21 Completa esta tabla con cinco formas de cada verbo, en la persona, número, tiempo y modo que quieras.

haber					
hacer					
habitar					
hablar					
oler					

22 Sopa de letras. Busca ocho palabras que se escriban con *h* y rodéalas. Te resultará más sencillo si antes las completas en los recuadros inferiores.

H	Í	D	R	I	C	O	S	H	H
I	S	E	C	A	H	H	O	A	U
E	Y	A	H	U	A	M	H	B	E
N	R	T	E	B	O	A	U	I	L
A	Z	V	L	N	Z	O	I	T	L
W	O	A	I	U	L	A	R	A	A
O	B	M	H	A	B	Í	A	H	P

H___ ___RI___O
H___B___ ___A
H___B___A
H___ ___R

H___E___ ___A
H___ ___ ___A
H___ ___ ___S
H___Y

Dictado

23 Rodea todas las palabras que has escrito mal en el dictado y cópialas a continuación correctamente.

24 Construye una oración con cada palabra que has escrito en la actividad anterior.

25 Completa el cuadro con palabras del texto que respondan a los casos estudiados sobre el uso de la *h*. Si has cometido una falta de ortografía, no olvides copiarla correctamente.

Regla ortográfica	Palabras del texto
Verbos *haber, hacer, hablar* o *habitar*	
Palabras que empiezan por *hie-, hue-, hui-*	
Otros casos	

7 El verbo. Uso de *b*, *v*

Gramática El verbo

- El **verbo** es una palabra que expresa una **acción** que se realiza o sucede en un **tiempo** pasado, presente o futuro.
- Los verbos son las únicas palabras que se pueden **conjugar**. Son palabras **variables** que experimentan modificaciones para expresar **tiempo, modo** (indicativo, subjuntivo o imperativo), **número** (singular y plural) y **persona** (1.ª, 2.ª y 3.ª).
- El conjunto de todas las formas de un verbo recibe el nombre de **conjugación**.
- Algunas formas verbales carecen de número y de persona. Se denominan **formas no personales** y son el infinitivo, el gerundio y el participio.
- Las **formas verbales** pueden ser **simples** (constan de una sola palabra) o **compuestas** (se construyen con el verbo auxiliar *haber*, más el participio del verbo que se conjuga).

1 Subraya los verbos que aparecen en los titulares de prensa que tienes a continuación.

2 Determina a qué conjugación pertenecen los verbos de la actividad 1 y responde a la pregunta.

1.ª conjugación	2.ª conjugación	3.ª conjugación

- ¿Hay alguna forma no personal en los titulares? Escríbela e indica si es infinitivo, gerundio o participio.

3 Completa la tabla con formas del presente de indicativo de los verbos *abrir* y *cerrar* en la persona y el número señalados en cada caso.

	Singular	Plural
1.ª persona		
2.ª persona		
3.ª persona		

4 Rellena esta tabla con las correspondientes formas no personales y responde a la pregunta.

	Infinitivo	Gerundio	Participio
bostezaba			
había surgido			
hechizó			
reímos			

- ¿En qué forma no personal tienes que poner las formas verbales para buscarlas en el diccionario?

____

5 Subraya las formas verbales compuestas, enmarca con un rectángulo las formas simples y rodea con un círculo las formas no personales de este texto.

Nunca había visto nada así. Aquella especie de ducha había recubierto mi cuerpo con una segunda piel. Abandoné la ducha. Una luz me indicó que se estaba haciendo el vacío a mi alrededor, y la esclusa se abrió. Ona me esperaba al otro lado, flotando en el vacío helado del espacio.

Julián Díez
Antología de la ciencia ficción española, 1982-2002, Minotauro

6 Indica el número y la persona de estas formas verbales.

hubiera sido → ______________
salimos → ______________
veréis → ______________
abrirán → ______________
abandonaste → ______________
han tomado → ______________

7 Completa la información del recuadro.

Las **formas verbales compuestas** se construyen ______________

8 Define con tus palabras qué es un verbo y menciona algunas acciones que se pueden realizar en un aula.

____

____

____

9 Narra una historia en 3.ª persona y en tiempo pasado. Los protagonistas deben ser extraterrestres que intentan convencer a los seres humanos de la necesidad de cuidar el planeta Tierra para evitar su extinción. Después, rodea todas las formas verbales que hayas incluido.

____

____

____

____

El almuerzo de Nara

—En lo más profundo del bosque, el saltamontes Salta Montes dio un brinco tan fuerte... que ***fue*** *a parar a la mismísima tela de la araña Nara. La araña, que dormía tan tranquila, despertó al notar la fuerte sacudida de su tela y se lanzó presta a ver qué había sucedido. Cuando vio al rollizo saltamontes se* ***dispuso*** *a envolverlo con sus hilos.*

Incapaz de hacer nada, prisionero de la tela, Salta Montes ***supo*** *que iba a morir. Pero antes de que la araña llegara hasta él, le* ***dijo:***

—Espera, por favor, aún no me comas.

—¿Por qué? —preguntó Nara.

*—****He caído*** *en tu tela, y es la ley del bosque, lo sé. Pero antes de morir me gustaría despedirme de mi esposa e hijos.*

—No veo cómo —se ***extrañó*** *aún más Nara.*

—Déjame marchar. Iré a mi casa, les diré adiós y volveré.

—No, no volverás.

*—Lo haré —****aseguró*** *Salta Montes—. La palabra de un saltamontes también es ley. Te lo prometo.*

La araña Nara tenía hambre, pero aquel saltamontes... Caramba, tenía una familia. Y nunca más sabrían de él.

—¿Cuántos hijos tienes?

—Tres. Y no veas ya lo que saltan.

—No tendría que haber hablado contigo —suspiró Nara, lamentando su buena disposición—. Anda, ***ve****te. Ya no puedo comerte.*

Jordi Sierra i Fabrá y Antonio García Teijeiro
Cuentos y poemas para un mes cualquiera, Planeta & Oxford

10 Subraya las formas verbales del texto y clasifícalas en la siguiente tabla.

Pasado	Presente	Futuro

11 Localiza dos formas verbales del texto que cumplan las siguientes condiciones.

1.ª persona del sing. → ____________ 2.ª persona del sing. → ____________

3.ª persona del sing. → ____________ 3.ª persona del pl. → ____________

12 Clasifica las formas no personales de este fragmento en la columna adecuada.

Infinitivo	Gerundio	Participio

Ortografía Uso de *b*, *v*

- Se escriben con *b*:
  - Los verbos ***beber, caber, deber, saber*** y ***haber*** en todas sus formas.
  - Todas las formas del **pretérito imperfecto** de los verbos de la **primera conjugación** (*amábamos*) y el pretérito imperfecto del verbo ***ir*** *(íbamos)*.
  - Los verbos acabados en ***-bir*** (como *escribir*), excepto ***hervir, servir*** y ***vivir***.
- Se escriben con *v*:
  - Las formas de los verbos ***andar, estar*** y ***tener*** con este sonido *(anduvieras, estuve, tuviste)*.
  - Las formas del **verbo *ir*** que empiezan por este **sonido**: *ve*, *voy*, *vaya*...
  - Los **adjetivos** acabados en ***-ave***, ***-avo/a***, ***-eve***, ***-evo/a***, ***-ivo/a*** *(suave, breve, pasivo...)*.

13 Completa con las letras *b* o *v* los espacios en blanco, de manera que este fragmento de Robert Louis Stevenson aparezca correctamente escrito.

____i la isla por ____ez primera cuando no era ni de noche ni de día. La luna se esta____a poniendo por el Oeste, pero ____rilla____a aún y se la ____eía con claridad. La ____risa de tierra adentro nos da____a en el rostro y traía consigo un fuerte aroma de limas sil____estres y de ____ainilla; tam____ién de otras cosas, pero esos olores eran los más e____identes. De____o explicar que ha____ía pasado años en una isla cerca de la Línea, ____i____iendo entre indígenas la mayor parte del tiempo. Aquí me i____a a encontrar con una nue____a experiencia; hasta el idioma me resultaría desconocido; y el aspecto de los ____osques y de las montañas y el extraordinario olor que salía de ellos dieron nuevo ____igor a mi sangre.

Robert Louis Stevenson
El diablo de la botella y otros cuentos, Alianza

14 Completa la tabla que se encuentra a continuación con palabras extraídas del texto de la actividad anterior.

Se escriben con ***b*** las formas del ***pretérito imperfecto*** de los verbos de la **1.ª conjugación** y el del verbo *ir*.	
Se escriben con ***b*** los verbos ***beber, caber, deber, saber*** y ***haber*** en todas sus formas.	
Se escriben con ***v hervir, servir*** y ***vivir***.	
Se escriben con ***v*** los adjetivos acabados en ***-ave, -avo/a, -eve, evo/a, -ivo/a***	

15 Indica el adjetivo correspondiente a cada uno de estos sustantivos.

longevidad	novedad	actividad	concavidad
decisión	**adhesión**	**levedad**	**gravedad**

16 **Completa las oraciones con las formas verbales indicadas entre corchetes.**

a) Este verano, Ana y yo [*estar*, pret. perf. simple de ind.] ______________ en la Costa Brava.

b) Manuel [*andar*, pret. imperf. de ind.] ______________ de una manera lenta, pausada, como si nunca tuviera prisa por llegar.

c) Yo no [*tener*, pret. perf. simple de ind.] ______________ otra opción que frenar en seco en plena calle.

d) ¿[ir, pres. de ind.] ______________ juntas al concierto de este sábado?

e) Diego [*obtener*, pret. perf. de ind.] ______________ el primer premio en la maratón.

f) Déjame pasar, que yo [*ir*, pres. de ind.] ______________ algo más deprisa que tú.

g) El viajero [*venir*, pret. imperf. de ind.] ______________ cubierto de barro del camino.

17 **Escribe cinco verbos que terminen en *-bir* y construye una oración compuesta al menos de seis palabras con cada uno de ellos.**

__________ → ______________________________

__________ → ______________________________

__________ → ______________________________

__________ → ______________________________

__________ → ______________________________

18 **Lee el siguiente texto y contesta las cuestiones que se plantean debajo.**

Se ***levantaba****, vertía agua en una palangana y* ***lavaba*** *las orejas de la Mariuca y, después, le* ***peinaba*** *cuidadosamente las trenzas. Mientras* ***realizaba*** *esta operación* ***musitaba*** *como una letanía: «Pobre niña, pobre niña, pobre niña…».*

Miguel Delibes
El camino, Destinolibro

- **Escribe el infinitivo de los verbos que aparecen destacados en negrita. ¿A qué conjugación pertenecen?**

____

- **¿Qué regla de las estudiadas sobre el uso de las letras *b*, *v* cumplen estos verbos?**

____

19 **Inventa un microrrelato en el que aparezcan distintas formas verbales de *beber, caber, saber, haber.* Fíjate en el modelo. Si lo deseas, puedes optar por continuar la historia.**

Quedaban doce horas para el fin del mundo, así que tenían que actuar rápido.

En la primera hora devolvieron todos los préstamos olvidados. En la segunda empezaron a saludar con una sonrisa sincera…

Así que en el último minuto decidí desactivar «el Apocalipsis». Son tercos estos humanos: solo reaccionan ante un ultimátum.

El País (Adaptación)

Días después habían olvidado todo…

____

Dictado

20 Rodea todas las palabras que has escrito mal en el dictado y cópialas a continuación correctamente.

21 Construye una oración con cada palabra que has escrito en la actividad anterior.

22 Completa el cuadro con palabras que aparezcan en el texto del dictado.

Regla ortográfica		Palabras del texto
Se escriben con *b*	Todas las formas de los verbos *beber, caber, deber, saber* y *haber*	
	Las formas del pretérito imperfecto de la 1.ª conjugación	
	Los verbos acabados en *-bir,* excepto *hervir, servir* y *vivir*	
Se escriben con *v*	Los verbos *hervir, servir* y *vivir*	
	Las formas del verbo *ir* que empiezan por el sonido *v*	
	Los adjetivos acabados en *-ivo / a*	

8 La conjugación verbal. Uso de *g, j*

Gramática La conjugación verbal

- Existen **tres modos verbales**: el **indicativo**, el **subjuntivo** y el **imperativo**.
  - En el **modo indicativo** se distinguen cinco **tiempos simples** y cinco **compuestos**.

Tiempos simples		Tiempos compuestos	
Presente	cant**o**	Pretérito perfecto compuesto	**he** cant**ado**
Pretérito imperfecto	cant**aba**	Pretérito pluscuamperfecto	**había** cant**ado**
Pretérito perfecto simple	cant**é**	Pretérito anterior	**hube** cant**ado**
Futuro	cant**aré**	Futuro perfecto	**habré** cant**ado**
Condicional	cant**aría**	Condicional compuesto	**habría** cant**ado**

  - En el **modo subjuntivo** se usan dos **tiempos simples** y dos **tiempos compuestos**.

Tiempos simples		Tiempos compuestos	
Presente	cant**o**	Pretérito perfecto compuesto	**haya** cant**ado**
Pretérito imperfecto	cant**ara** o cant**ase**	Pretérito pluscuamperfecto	**hubiera** o **hubiese** cant**ado**

  - El **modo imperativo** presenta únicamente las formas de **segunda persona del singular** y del **plural**: *canta* (tú), *cantad* (vosotros / -as).
- Los **verbos irregulares** son aquellos que en alguna de sus formas **no siguen el modelo** de la **conjugación** a la que pertenecen; por ejemplo, ***estar***, ***ser*** e ***ir***.

1 Subraya las formas verbales que aparecen en el siguiente fragmento de la *Odisea*.

—¡Tu padre no te devolverá tu único ojo! ¡Nunca volverás a ver el sol!

De nuevo, el gigante se desesperó, gritó, se arrancó los cabellos, se retorció las manos, alzó la cabeza y levantó los brazos llamando a Neptuno, dios del mar, y pidiéndole que castigara a Ulises. Así gritaba con voz atronadora:

—¡Haz, Neptuno, padre mío, que, si el rey de Ítaca logra volver a su patria, ello sea tarde y mal; que pierda antes a sus compañeros, que no conserve sus naves y que no halle en su hogar la paz!

No contestó Neptuno, pero escuchó el ruego de Polifemo, su hijo.

Homero
Odisea, Anaya

2 Clasifica las formas no personales del texto. ¿Hay alguna de la que no aparezca ningún ejemplo? Si es así, escribe una oración que la contenga.

Infinitivo	Gerundio	Participio

3 Clasifica las formas verbales personales que has subrayado en la siguiente tabla.

Pretérito imperfecto de indicativo	
Pretérito perfecto simple	
Futuro de indicativo	
Presente de subjuntivo	
Pretérito imperfecto de subjuntivo	
Imperativo	

4 Completa esta otra tabla anotando el modo, el tiempo, el número y la persona de los verbos que se indican.

Forma verbal	Modo	Tiempo	Número	Persona
he venido				
hayas dormido				
cante				
dormirás				
hubieseis llamado				
temerían				

5 Escribe en las siguientes oraciones las formas verbales que se indican entre corchetes.

a) Ayer (*estar,* 1.ª pers., sing., pret. perf. simple de ind.) ______________ todo el día de viaje.

b) El pívot (*cometer,* 3.ª pers., sing., pret. perf. simple de ind.) ______________ falta personal.

c) El viernes (*ir,* 1.ª pers., sing., fut. de ind.) ______________ con mi madre al centro de la ciudad.

d) Clara, (¡*callar,* 2.ª pers., sing., imperativo) ______________ ya, por favor!

6 Conjuga el pretérito imperfecto de indicativo de los verbos *ir* y *ser.*

Ir ______________

Ser ______________

7 Completa la información de este recuadro.

- Los **verbos irregulares** son los que en **alguna** de sus **formas** ______________

____

8 Separa la terminación en cada uno de los siguientes verbos y escribe, además, la primera persona del singular del presente de indicativo. Fíjate en el ejemplo.

jugar → jug-ar (yo juego) | crecer → ______________ | revolver → ______________

tostar → ______________ | decir → ______________ | dirigir → ______________

- Observa en tus respuestas y rodea los verbos irregulares.

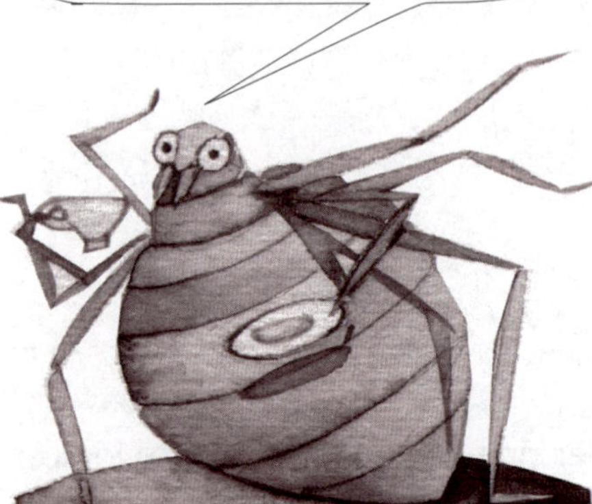

Los amigos de Nara

Y deshizo los hilos para liberar al saltamontes.

—Volveré —le aseguró él.

—Ya, ya —se resignó la araña.

Le vio alejarse dando saltos, y tras eso pasó la tarde; y al anochecer, Nara oyó una voz llamándola.

—¡Araña, prepara la tela, que salto!

Era Salta Montes.

—¿Qué haces aquí? —se extrañó Nara.

—¿No te dije que volvería? Mi honor estaba en juego.

—¿Ya te has despedido de tu familia?

—Llorando les he dejado, sí.

—¿Estás dispuesta? Cuanto antes acabemos, mejor.

—Espera, espera —le detuvo Nara al ver que el saltamontes se disponía a saltar sobre la tela. Aquel animal era un buen bicho, sin lugar a dudas.

—Tengo hambre —reconoció Nara—. Si me invitaras a cenar no tendría que comerte.

Salta Montes abrió los ojos. Se le iluminaron de pronto.

—¡Eso está hecho! —manifestó.

Aquella noche, Nara cenó en casa de Salta Montes. Y se lo pasó tan ricamente y se rió tanto, que al día siguiente deshizo la tela y anunció que se hacía vegetariana.

Que se sepa, es la primera araña vegetariana del bosque. Pero es feliz. Tiene un montón de amigos que siempre la invitan a cenar.

Jordi Sierra i Fabrá y Antonio García Teijeiro
Cuentos y poemas para un mes cualquiera, Planeta & Oxford

9 Clasifica las formas no personales del este fragmento en la siguiente tabla; debes anotar entre paréntesis la conjugación a la que pertenecen.

Infinitivo	Gerundio	Participio

10 Localiza en el texto las formas verbales indicadas.

Presente de indicativo ______________________

Presente de imperativo ______________________

Presente de subjuntivo ______________________

11 Ahora, completa esta tabla con formas verbales del texto.

Pasado	Pret. perfecto simple de indicativo	
	Pret. imperfecto de indicativo	
	Pret. perfecto compuesto de indicativo	
	Pret. imperfecto de subjuntivo	
Futuro	Futuro imperfecto de indicativo	
	Condicional	

Ortografía Uso de *g, j*

- La letra **g** ante **a**, **o**, **u**, y la combinación de letras **gu-** ante **e**, **i** representan el sonido suave que se pronuncia en *gallina, gota, gutural, guerra, guitarra.*
- La **g** ante **e**, **i** se pronuncia como la **j** ante cualquier vocal: *general, girasol; jabato, jefe, jinete, joroba, julio.*
- Para escribir correctamente las combinaciones **ge / je**, **gi / ji**, ten en cuenta estas reglas:
  - Se escriben con **g** las formas de los **verbos** terminados en **-ger** y **-gir**: *cogieron, surgirá.* Se exceptúan **tejer** y **crujir**: *tejió, crujían.*
  - Se escriben con **j** las formas de los **verbos** que **en infinitivo no tienen** ni **g** ni **j**: *dije* < decir, *traje* < traer.

12 Completa con *g* o con *j* las palabras del texto que lo requieran.

La __alera ancló al otro lado del cabo, a cobi__o de la habitual ruta de los navíos de comercio. Pirantros ordenó arro__ar el ancla por la borda [...]. «Es arries__ado permanecer aquí —le ***di__o****—, pero ningún navío se atrevería a cruzar el cabo con marea alta». Lue__o se* ***diri__ió*** *a la bode__a y ordenó dar a__ua y comida a los prisioneros, cuatro cretenses, entre __entes de Amnisos, Vatipetros y Katro Zacros. Antes de abandonar la bode__a, sus o__os fueron cubiertos por una tira de cuero. Los prisioneros no le* ***contradi__eron.*** *El nivel de flotación de la nave cubría los dos tercios de la __alera y hacía* ***cru__ir*** *la embarcación con cada empu__ón de una nueva ola.*

Susana Fernández Gabaldón
El pescador de esponjas, Magisterio Casals

13 Explica por qué completas con *g* o con *j* las siguientes formas verbales del fragmento.

- di__o ____________________
- diri__ió ____________________
- contradi__eron ____________________
- cru__ir ____________________

14 Escribe *g* o *j* en cada una de estas palabras, según corresponda.

re__a	__obierno	di__o	en__aular	cru__ía	per__udicar
__oma	di__eron	__ol	contradi__o	tra__o	diri__ieron
indu__o	sustra__o	__arra	condu__o	__ota	ho__ar
__eta	corri__ió	a__arra	extra__e	te__ido	ami__a

15 A los siguientes términos les falta una misma letra. Complétalos y explica su significado.

a__üero → ________________ ar__üir → ________________

pedi__üeño → ________________ ambi__üedad → ________________

16 Completa la información que figura en el siguiente recuadro.

Para indicar que la vocal *u* se pronuncia en las **combinaciones** __________ se utiliza la __________,
como por ejemplo en las palabras ____________________

17 Escribe la primera persona del pretérito perfecto simple de los verbos *deducir*, *sustraer*, *inducir*, *desdecir* y explica qué tienen todas ellas en común.

deducir	sustraer	inducir	desdecir

____

18 Completa estas oraciones con las formas verbales indicadas entre corchetes.

a) Creo que [*tejer,* 1.ª pers. sing., futuro simple de ind.] __________ un jersey con esta lana verde.

b) ¡No me [*contradecir,* 2.ª pers. sing., presente de sub.] __________, sabes que tengo razón!

c) [*traer,* 3.ª pers. pl., pret. perfecto simple de ind.] __________ de Rusia unas preciosas muñecas de madera.

d) Sobran golosinas, [*coger,* 2.ª pers. pl., imperativo] __________ todas las que queráis.

19 Relaciona cada término de la columna de la izquierda con la regla ortográfica que le corresponde.

guiso	Se escriben **con** *j* las sílabas *ja, jo, ju.*
cruje	Se escriben **con** *j* las formas de los verbos que en el infinitivo no tienen ***g*** ni *j*.
contradijo	Se escriben **con** *g* las sílabas *ga, gue, gui, go, gu.*
jubón	Se escriben **con** *g* las formas de los verbos cuyo infinitivo acaba en *-ger* y *-gir,* excepto *tejer* y *crujir.*

20 **Palabras ocultas.** Averigua qué palabras se ocultan tras las definiciones. Todas contienen una *g* o una *j*. Coloca las letras enmarcadas por orden y obtendrás el nombre de un gran novelista.

1. J ___ ___ é: nombre de varón, también llamado Pepe.
2. C ___ ___ d ___ ___ e: guié, llevé en coche, piloté.
3. L e ___ g ___ ___ t a: lámina de metal de algunos instrumentos musicales.
4. Ar ___ ___ i r: exponer argumentos o razones.
5. H ___ g ___: elaboro, fabrico, realizo.
6. V ___ ___ ___ a: vigilante, centinela.
7. T ___ ___ ___ ó: elaboró un tejido.
8. R ___ ___ o ___ ___ ó: recolectó, guardó, tomó.
9. C ___ é ___ a ___ a: terreno pantanoso lleno de cieno.
10. O ___ ___ e ___ o: cosa, elemento.

☐☐☐☐☐ ☐☐☐☐☐

Dictado

21 Rodea todas las palabras que has escrito mal en el dictado y cópialas correctamente.

22 Construye una oración con cada palabra que has escrito en la actividad anterior.

23 Completa el cuadro con palabras del texto que respondan a los casos estudiados sobre el uso de las letras *g*, *j*. Si has cometido una falta de ortografía, no olvides copiarla correctamente.

Regla ortográfica	Palabras del texto
Se escribe ***g*** ante las vocales ***a***, ***o***, ***u***, y ***gu-*** delante de ***e***, ***i***	
La letra ***g*** sola ante ***e***, ***i*** tiene el mismo sonido que la letra ***j*** delante de cualquier vocal	
Se escriben con ***g*** las formas de los verbos terminados en ***-ger***, ***-gir***, excepto ***tejer*** y ***crujir***	
Se escriben con ***j*** las sílabas ***ja***, ***jo***, ***ju***	
Se escriben con ***j*** las formas de los verbos que en su infinitivo no tienen ni ***g*** ni ***j***	

9 Las palabras invariables. Uso de *ll*, *y*

Gramática Las palabras invariables

- El **adverbio** es **una palabra invariable** que expresa **lugar, tiempo, modo, cantidad, afirmación** o **negación**...

Clases de adverbios	
De lugar	*aquí, ahí, allí, allá, lejos, cerca, delante, detrás, dentro, fuera, adentro, arriba...*
De tiempo	*ahora, antes, después, luego, ayer, hoy, mañana, aún, todavía, ya, temprano...*
De modo	*así, bien, mal, mejor, peor, igual, como...*
De cantidad	*mucho, poco, nada, bastante, casi, muy, más, menos, tan...*
De afirmación	*sí, también, efectivamente, verdaderamente...*
De negación	*no, tampoco, jamás, nunca...*

- Las **preposiciones** relacionan **unas palabras con otras**. Sus formas en castellano son: *a, ante, bajo, con, contra, de, desde, durante, en, entre, hacia, hasta, mediante, para, por, según, sin, sobre, tras, versus, vía.*
- Las **conjunciones** relacionan **palabras,** incluidas las **formas verbales**. Existen varias clases de conjunciones: **copulativas** *(y, e, ni)*, **disyuntivas** *(o)*, **adversativas** *(pero, sino).*
- Las **interjecciones** aparecen siempre entre **exclamaciones**. Pueden ser **onomatopeyas** *(¡zas!, ¡bum!, ¡uf!)*; expresar **sentimientos** *(¡ay!, ¡oh!)*; fórmulas de **saludo**, **cortesía** o **despedida** *(¡hola!, ¡gracias!)*, o servir para **llamar a otra persona** *(¡eh! ¡pss!).*

1 Subraya los adverbios que contiene este fragmento de *Los viajes de Gulliver*.

El hurgo, que así llaman a los grandes señores, como después averigüé, me entendió muy bien [...].

Ciertamente, me servían tan aprisa como podían. Hice luego otro ademán, como que necesitaba beber [...]. Izaron con gran maña uno de los más grandes toneles que tenían, lo hicieron rodar hasta mi mano y desvencijaron la tapa; me lo bebí de un trago, que bien pude, pues apenas contenía un cuartillo, e hice señas de querer más, pero no les quedaba ningún otro. Su excelencia, tras subir por la parte más estrecha de mi pierna derecha, avanzó hacia delante.

Jonathan Swift
Los viajes de Gulliver, El País (Adaptación)

Recuerda que los **advervios terminados en *-mente*** se construyen añadiendo este **sufijo** a la **forma femenina del adjetivo** correspondiente; por ejemplo: *cierta* > *ciertamente.*

2 Sustituye por adverbios terminados en *-mente* las palabras o expresiones subrayadas.

a) El hurgo comprendió de forma correcta mi nombre → ____________________

b) Izaron con habilidad grandes toneles → ____________________

c) Su excelencia avanzó de manera torpe por mi pierna → ____________________

3 Clasifica los adverbios de la actividad 1 en esta tabla según el tipo al que pertenecen.

Lugar	Tiempo	Modo	Cantidad	Afirmación	Negación

4 Recuadra las preposiciones, tacha las contracciones y subraya las conjunciones del siguiente texto.

Cuando llegué, el perro ya tenía compañía; ladraba y gimoteaba con tanta fuerza que varias personas lo miraban y hacían comentarios de «pobre perrito» y «lo cruel que era dejarlo atado fuera de esa forma». El perro tenía enredado su collar en la palanca del embrague y los ojos como salidos de las órbitas [...].

Intenté explicar a la gente que de mayor pensaba ser veterinario, pero ni me escucharon. El coche estaba cerrado con llave, así que tuve que romper la ventanilla y meter un brazo para poder abrir la puerta. El perro se volvió loco de alegría cuando lo desenredé y la gente se marchó. Pero mi padre no se volvió loco de alegría, sino loco de rabia. Tiró las bolsas de Sainsbury al suelo y rompió los huevos, aplastó los bizcochos. Nadie dijo ni una palabra en el camino, solo el perro sonrió.

Sue Townsend
El diario secreto de Adrian Mole, Planeta & Oxford

- ¿De qué tipo son las conjunciones de este texto? ____________

____

5 Señala las interjecciones que aparecen en estas oraciones y clasifícalas en la tabla inferior.

a) —¡Hola! —exclamé, pero nadie contestó.

b) —¡Bah! —sentenció ella—. Ya veo que enseguida te quejas.

c) —¡Bum! Se oyó una explosión, y vimos cómo del cielo caía aquel extraño aparato.

d) —¡Eh!, ¡tenga cuidado! —grité a un leñador, que apareció detrás del árbol.

e) —¡Ja, ja, ja!— Su risa era clara y alegre.

f) —¡Chu, chu!— El niño imitaba con torpeza el ruido de las locomotoras.

Onomatopeya	Sentimientos	Atención	Saludo o cortesía

6 Anota en la columna adecuada cada una de estas palabras.

tras sino versus y contra ¡clic! ¡oh! de según e sobre desde
durante o en ni entre hacia pero hasta ¡plas! mediante ¡buf!

Preposiciones	Conjunciones			Interjecciones
	Copulativas	Disyuntivas	Adversativas	

Hoy como ayer, mañana como hoy…

Hoy como ayer, mañana como hoy,
¡y siempre igual!
un cielo gris, un horizonte eterno,
¡y andar… andar!

Moviéndose a compás, como una estúpida
máquina, el corazón;
la torpe inteligencia del cerebro
dormida en un rincón.

El alma, que ambiciona un paraíso,
buscándolo sin fe;
fatiga sin objeto, ola que rueda
ignorando por qué.

Voz que incesante con el mismo tono
canta el mismo cantar,
gota de agua monótona que cae,
y cae sin cesar.

Así van deslizándose los días
unos de otros en pos,
hoy lo mismo que ayer, probablemente
mañana como hoy.

¡Ay! a veces me acuerdo suspirando
del antiguo sufrir…
Amargo es el dolor; pero siquiera
¡padecer es vivir!

Gustavo Adolfo Bécquer
Rimas, Cátedra

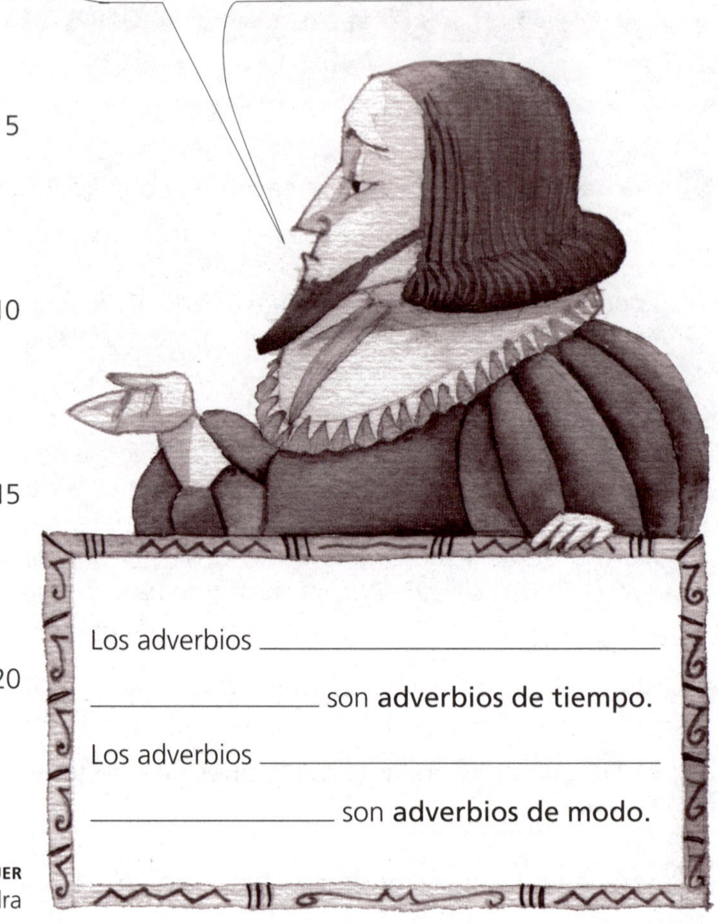

7 **Forma adverbios de modo con los siguientes adjetivos del texto.**

eterno → ____________ estúpida → ____________ torpe → ____________

incesante → ____________ monótona → ____________ antiguo → ____________

8 **Rodea las preposiciones del texto y completa la información del recuadro.**

- Las **preposiciones** sirven para ____________
- Las combinaciones de las **preposiciones *a*** y ***de*** con el artículo ***el*** dan lugar ____________

9 **Tacha con un aspa las conjunciones del poema e indica de qué clase son. Después, localiza una interjección e indica qué expresa.**

____

10 **Coloca los siguientes adverbios, las preposiciones y las conjunciones en la tabla.**

pero ¡Buh! acá para caramba no

Adverbios	Preposiciones	Conjunciones	Interjecciones

Ortografía Uso de *ll*, *y*

- Se escriben **con el digrafo *ll*** las **palabras terminadas** en *-illa* o *-illo*: *palillo*, *chiquilla*.
- La **letra *y*** representa **dos sonidos** en castellano, uno vocálico (como en *ley*) y otro consonántico (como en *yate*). Se escriben **con *y***:
  - La **conjunción copulativa** *y*.
  - Las palabras que terminan en la **vocal átona** correspondiente al **sonido** *i*: *ley*, *voy*.
  - Los **verbos** que en **infinitivo no tienen *ll*** ni *y*: *leyó* (leer), *recluyó* (recluir).
  - El **yeísmo** consiste en **pronunciar igual** el sonido de *ll* y el sonido de ***y*** (por ejemplo, pronunciar igual *valla* y *vaya*).

11 Anota *ll* o *y en los espacios en blanco,* de manera que el texto aparezca correctamente escrito.

Los orgu___osos habitantes del Trastévere, área más a___á del Tíber, se consideran a sí mismos los romanos más auténticos. Constitu___e este uno de los barrios con más personalidad. Existen indicios, sin embargo, de que gran parte del carácter senci___o del lugar está destru___éndose a un ritmo veloz por la proliferación de restaurantes ___ la continua ___egada de turistas. [...]

Son muchos los monumentos medievales de sus ca___es. Por ejemplo, la iglesia de Santa Cecilia, que se constru___ó en el lugar donde esta fue martirizada, o Santa María, en cuya fachada ha___ dos figuri___as de rodi___as hechas en piedra.

Guía visual de Roma, El País-Aguilar (Adaptación)

12 Relaciona cada término con su definición y explica a qué regla ortográfica responden estas palabras.

rejilla	Instrumento para cortar formado por una hoja de metal y un mango.
mejilla	Abertura para ver quién llama a la puerta.
anilla	Red de metal o madera que cubre un hueco y deja pasar la luz, el aire, etc.
cuchillo	Anillo al cual se ata un cordón o correa para sujetar un objeto.
mirilla	Cada una de las dos partes prominentes de la cara, debajo de los ojos.
perilla	Pequeña ave trepadora que pone sus huevos en los nidos de otras aves.
cuclillo	Porción de pelo que se deja crecer en la punta de la barba.

Se escriben con ***ll*** ____

13 Anota las formas verbales indicadas y completa debajo la regla ortográfica que has aplicado.

- 2.ª persona del singular, presente de indicativo.

rehuir ______ oír ______ atribuir ______

- 3.ª persona del plural, pretérito perfecto simple de indicativo.

leer ______ diluir ______ obstruir ______

Se escriben con *y* ______

14 Escribe ahora la 3.ª persona del singular del presente de los siguientes verbos.

abollar ______ ensayar ______ subrayar ______

15 Subraya las palabras con *ll* y recuadra las que lleven *y* en estos títulos de películas.

CARTELERA

Un tranvía llamado deseo
Tan muertos como yo
Ayer, hoy y mañana
La ley del silencio

La semilla del diablo
Un rey en Nueva York
Ocho apellidos vascos
Cantando bajo la lluvia

16 Señala, en los casos en que sea posible, la regla ortográfica a la que responden las palabras de la actividad anterior.

______
______
______

17 Busca diez palabras que empiecen por *ll* y otras diez que empiecen por *y*. Puedes consultar el diccionario.

por *ll* ______

por *y* ______

18 Sopa de letras. Busca ocho formas verbales que se escriban con *y*. Completa antes las palabras del recuadro.

A	O	Y	E	N	D	O	B	O
R	X	Y	Z	I	X	T	H	R
G	Ü	Q	U	O	E	R	U	R
U	W	M	Y	L	E	Ñ	Y	E
Y	O	E	O	L	C	E	E	Y
A	T	Y	E	O	R	N	R	S
C	E	Y	E	G	P	F	O	I
V	Ó	Y	A	C	Y	Y	V	C

1. *argüir* [3.ª pers. sing, pres. de subj.] → ______
2. *ser* [1.ª pers. sing., pres. de ind.] → ______
3. *concluir* [1.ª pers. sing., pres. de ind.] → ______
4. *ir* [gerundio] → ______
5. *leer* [3.ª pers. sing., pret. perf. simple de ind.] → ______
6. *oír* [2.ª pers. sing., imperativo] → ______
7. *errar* [1.ª pers. sing., pres. de ind.] → ______
8. *caer* [1.ª pers. sing., pret. perf. simple de ind.] → ______

Dictado

19 Rodea todas las palabras que has escrito mal en el dictado y cópialas a continuación correctamente.

20 Construye una oración con cada palabra que has escrito en la actividad anterior.

21 Completa el cuadro con palabras del texto que respondan a los casos estudiados sobre el uso de *ll*, *y*. Si en alguna de ellas has cometido una falta de ortografía, no olvides copiarla correctamente.

Regla ortográfica		Palabras del texto
Se escriben con *ll*	Las palabras terminadas en *-illa, -illo*	
Se escriben con *y*	Las palabras que terminan en vocal átona, correspondiente al sonido *i*	
	La conjunción copulativa *y*	
	Los verbos que en infinitivo no llevan ni *ll* ni *y*	

10 La oración simple. Uso de la *x*

Gramática La oración simple

- La **oración** está formada, en general, por un **grupo nominal** que cumple la función de sujeto y un **grupo verbal** que realiza la función de **predicado**.
- El **núcleo del sujeto** —un **sustantivo** o un **pronombre**— y el **núcleo del predicado** —un **verbo**— **concuerdan** necesariamente en **número** y **persona**.

Reconocimiento del sujeto	
1.° Localizar el **verbo**.	*El avión **llegó** con retraso.*
2.° **Cambiar** el **número** de la **forma verbal**.	*llegó = llegaron*
3.° Observar las **palabras** que se **alteran** al cambiar el verbo.	*Los aviones llegaron con retraso.*
4.° El sujeto es el **grupo nominal** cuyo **núcleo** se ha modificado para **concordar** con la nueva forma verbal.	*El avión llegó con retraso.*

1 **Lee atentamente este texto de Manuel Rivas y realiza la actividad inferior.**

Cuando el maestro se dirigía hacia el mapamundi, nos quedábamos atentos como si se iluminase la pantalla del cine Rex. Sentíamos el miedo de los indios cuando escucharon por vez primera el relinchar de los caballos y el estampido del arcabuz[1]*. Íbamos a lomos de los elefantes de Aníbal de Cartago por las nieves de los Alpes, camino de Roma. Luchábamos con palos y piedras en Ponte Sampaio contra las tropas de Napoleón. Pero no todo eran guerras. Fabricábamos hoces y rejas de arado en las herrerías de Incio. Escribíamos cancioneros de amor en la Provenza y en el mar de Vigo. [...] Era la primera vez que tenía clara la sensación de que gracias al maestro yo sabía cosas importantes de nuestro mundo que ellos, mis padres, desconocían. Pero los momentos más fascinantes de la escuela eran cuando el maestro hablaba de los bichos.*

Manuel Rivas
¿Qué me quieres, amor?, Santillana

[1] **arcabuz:** arma antigua de fuego, de mecha móvil, semejante al fusil.

- **Subraya el sujeto de las siguientes oraciones simples extraídas del texto y rodea el núcleo del predicado. Si el sujeto está omitido, indícalo entre paréntesis.**

a) El maestro se dirigía hacia el mapamundi.

b) Sentíamos el miedo de los indios.

c) Luchábamos con palos y piedras contra las tropas de Napoleón.

d) Yo sabía cosas importantes de nuestro mundo.

e) El maestro hablaba de los bichos.

2 Ahora cambia de número (de singular a plural o de plural a singular) los verbos de las oraciones de la actividad 1 y vuelve a escribir cada una realizando las transformaciones que sean necesarias.

a) ______________________________

b) ______________________________

c) ______________________________

d) ______________________________

e) ______________________________

3 Une mediante flechas los sujetos y los predicados de las columnas para formar oraciones simples.

El maestro	atravesaron las nieves de los Alpes.
Los elefantes de Aníbal	desconocen las cosas más importantes.
Las lecciones de ciencias	nos hablabla de bichos.
Nosotros	construíamos el Pórtico de la Gloria.
Mis padres	eran las más interesantes.

4 Rodea el núcleo de cada uno de los predicados de la actividad anterior e indica la persona, el número, el tiempo y el modo en cada caso.

__________ → ______________________

__________ → ______________________

__________ → ______________________

__________ → ______________________

__________ → ______________________

5 Cambia de número las formas verbales de las siguientes oraciones y escríbelas de nuevo realizando las transformaciones necesarias. Luego, separa el sujeto y el predicado y rodea el núcleo de cada constituyente.

a) Dos filas de soldados custodian la escalinata. → ______________________

b) Me gustó mucho aquella vieja película. → ______________________

c) El viento golpeaba la vela mayor. → ______________________

6 Corrige los errores y enmarca el sujeto de las oraciones que aparecen en los siguientes titulares de periódicos.

Alcalá preparan un plan urbanístico

El bloqueo de puertos afectan a miles de pasajeros

Se celebra quinientos actos en Madrid

Se estrenan la última película de Steven Spielberg

Dos mujeres gana el premio Nobel de Física

Se descubre nuevos restos del Neolítico

Lee el texto y **completa la información del recuadro inferior.** Te servirá para repasar lo que has aprendido sobre la **oración simple.**

Infancia en Praga

El diario de Petr tiene para mí un enorme valor, el mismo que nuestra feliz infancia compartida, a pesar de lo breve que fue, de que solo duró hasta que empezaron las persecuciones de los nazis contra los judíos. Hasta entonces fuimos una familia feliz.

Petr y yo nacimos en Praga. Papá dominaba varios idiomas y era director del departamento de exportaciones de una empresa textil. Conoció a mamá en un congreso de esperantistas[1]*. Nuestros padres eran progresistas y cuidaban mucho de nuestra educación y de que tuviéramos una vida sana. Todos hacíamos mucho deporte, en invierno esquiábamos y patinábamos, en verano nadábamos y hacíamos largas caminatas, sobre todo en vacaciones.*

Mamá había nacido en Hradec Kralove, su padre era maestro rural. [...] Mamá era una enamorada de la música, tenía una voz preciosa y en casa disfrutaba cantando arias de óperas y operetas. Eso cuando éramos pequeños. Después de la guerra, el holocausto y lo de Petr, nunca volvió a cantar.

Petr Ginz
Diario de Praga (1941-1942), Acantilado

[1] **esperantistas:** personas que estudian el esperanto, idioma creado en 1887 para ser utilizado como lengua universal.

7 **Fíjate en las palabras que has escrito en la tabla y completa la información del recuadro.**

a) El diario de Petr tiene para mí un enorme valor.

b) Hasta entonces fuimos una familia feliz.

c) Petr y yo nacimos en Praga.

d) Papá dominaba varios idiomas.

e) Papá conoció a mamá en un congreso.

f) Mamá había nacido en Hradec Kralove.

g) Todos hacíamos mucho deporte.

h) Mamá era una enamorada de la música.

i) Nunca volvió a cantar.

j) Cuidaban mucho de nuestra educación.

8 **Enmarca los núcleos del sujeto y tacha los núcleos del predicado de las oraciones de la actividad 7.**

- **¿Has encontrado algún ejemplo de sujeto omitido? En caso afirmativo, indica cuáles.**

____

____

9 **Construye oraciones simples en las que estos grupos nominales cumplan la función de sujeto. A continuación, cambia de número las formas verbales (de singular a plural o al contrario) y reescríbelas.**

a) Nuestros padres ____________________ → ____________________

b) Su padre ____________________ → ____________________

c) Mi abuelo ____________________ → ____________________

d) Ella ____________________ → ____________________

Ortografía Uso de la *x*

- La grafía *x* representa en castellano la **combinación de sonidos** *ks*: *éxito, examinar.*
- Se escriben **con** *x*:
  - Las palabras que comienzan por los morfemas **ex-**: *excavar,* y **extra-**: *extralimitar.*
  - Las palabras que empiezan por la sílaba **ex-** seguida del grupo *pr-*: *expresar, exprimir.*

10 Añade *x* o *s* en los espacios en blanco para que el texto aparezca correctamente escrito.

Tan lejos como podía ver, el mundo entero desplegaba la misma e__uberante riqueza que en el valle del Támesis. Desde cada colina a la que subía pude ver la misma abundancia de edificios e__pléndidos, infinitamente variados en estilo y materiales; los mi__mos e__pacios abarrotados de maleza, los mi__mos árboles cubiertos de flores y los mi__mos helechos gigantes. Aquí y allá, el agua brillaba como la plata, y más lejos la campiña se e__tendía en azules ondulaciones de colinas y desaparecía a lo lejos en la serenidad del cielo. [...]

Déjenme e__plicarles mis dificultades. Los diversos grandes palacios que había e__plorado no eran más que simples residencias [...]. Sin embargo, aquellas gentes iban vestidas con hermosos tejidos y sus sandalias, aunque e__entas de adornos, representaban una muestra bastante compleja de trabajo metálico.

H. G. Wells
La máquina del tiempo, Zero (Adaptación)

11 Relaciona mediante flechas cada una de las siguientes palabras del texto con su definición.

- exuberante
- extendía
- explicar
- explorado
- exentas

- Libre, desembarazado de algo.
- Examinado para descubrir lo que hay en él.
- Abundante o desarrollado extraordinariamente.
- Manifestar, dar a conocer.
- Hacer que algo, aumentando su superficie, ocupe más lugar o espacio que el que antes ocupaba.

12 Consulta en el diccionario estos términos y anota su significado.

extraer ____________________

excéntrico ____________________

excomunión ____________________

exportar ____________________

- ¿Qué morfema tienen en común todas ellas? Escribe cuál es su significado.

____

13 Anota cuatro términos que contengan el morfema *extra-*, y construye con cada uno de ellos una oración formada al menos por siete palabras.

______ → ______

______ → ______

______ → ______

______ → ______

- Indica qué significado tiene el morfema *extra-* en cada una de estas otras dos palabras.

extramuros ______ extraligero ______

14 Escribe tres términos que lleven *h* después de la *x* y construye una oración con cada uno.

______ → ______

______ → ______

______ → ______

15 Explica con tus palabras la siguiente oración. Si desconoces el significado de alguna palabra, consulta el diccionario.

Se dijo del escritor Ramón María del Valle-Inclán: «Es tan eximio escritor como extravagante ciudadano».

______

______

16 Fíjate en el ejemplo y escribe sustantivos que pertenezcan a la misma familia léxica que los verbos recogidos en esta tabla.

exportar	exportación	**exiliar**		**intoxicar**	
extraditar		**expedientar**		**oxidar**	
exceptuar		**exhalar**		**anexionar**	
exagerar		**excavar**		**exigir**	

17 Busca las siguientes palabras en el diccionario y copia su definición.

espirar ______ expirar ______

espiar ______ expiar ______

estirpe ______ extirpe ______

18 ¿Quién es el personaje? Algunas de estas palabras ocultas se escriben con *s* y otras con *x*. Complétalas y, después, ordena las letras destacadas, cópialas en las casillas de abajo y obtendrás el nombre de un famoso héroe galo de cómic.

e__pue__ | e__t__ict__ | ____xi | e__pr____ | e__t__emo

e__p__d__e__te | __iló__ono

☐☐☐☐☐☐☐

Dictado

19 Rodea todas las palabras que has escrito mal en el dictado y cópialas a continuación correctamente.

20 Construye una oración con cada palabra que has escrito en la actividad anterior.

21 Completa el cuadro con al menos una palabra del texto en cada fila que responda a las normas estudiadas sobre el uso de la *x*. Si has cometido alguna falta de ortografía, no olvides copiarla correctamente.

Regla ortográfica	Palabras del texto
Palabras que comienzan por el morfema *ex-* («fuera de»)	
Palabras que empiezan por el morfema *extra-*	
Palabras que empiezan por la sílaba *ex-* seguida del grupo *-pr-*	

22 Escribe al menos otra palabra que responda a cada una de las reglas de la tabla de la actividad 21, aunque no estén en el texto del dictado.

11 Las modalidades oracionales. Uso de *c*, *qu*, *k* y de *c*, *z*

Gramática · Las modalidades oracionales

- Según la **actitud del hablante**, se distinguen seis clases o modalidades de la oración:

Clases de oraciones según la actitud del hablante		
Enunciativas	Afirman un hecho (**enunciativas afirmativas**) o lo niegan (**negativas**). Las negativas incluyen **marcas explícitas de negación** *(no, nunca, ni, ningún…)*	*Hoy hay clase.* (Afirmativa) *Hoy **no** hay clase.* (Negativa)
Interrogativas	**Preguntan** por algo a alguien. Con frecuencia, incluyen palabras como *qué, cuál (-es), quién (-es), dónde, cuándo, cómo…*	*¿**Qué** hora es?* *¿Lo has hecho tú?*
Exhortativas	Formulan un **ruego** o **mandato** mediante **verbos en imperativo** o en **presente de subjuntivo**, o con las construcciones ***haber que* + infinitivo**, ***tener que* + infinitivo**, ***deber* + infinitivo**.	*No **salgas** esta noche.* ***Tenemos que** irnos.* ***Debemos** hablar.*
Exclamativas	Expresan **sentimientos** o **emociones**. Se escriben entre **signos de exclamación**.	*¡Qué bien dibuja Marcos!*
Dubitativas	Expresan **duda** o **posibilidad**, que se expresa mediante **adverbios** *(quizá, acaso…)*, **expresiones** o las **construcciones *poder que* + infinitivo**, ***deber de* + infinitivo**.	***Quizá** lleguemos tarde.* ***Puede que** no llueva hoy.*
Desiderativas	Formulan un **deseo**. Son marcas desiderativas los adverbios ***ojalá***, ***así*** y el verbo ***querer***.	***Quisiera** ir al concierto.* *¡**Así** le parta un rayo!*

1 Lee este fragmento de *Don Juan Tenorio* y subraya dos oraciones enunciativas, enmarca dos interrogativas y tacha dos exclamativas.

Brígida.—*Buenas noches, doña Inés.*
Inés.—*¿Cómo habéis tardado tanto?*
Brígida.—*Voy a cerrar esta puerta.*
Inés.—*Hay orden de que esté abierta.*
Brígida.—*Eso es muy bueno y muy santo*
para las otras novicias
que han de consagrarse a Dios
no, doña Inés, para vos.
Inés.—*Brígida, ¿no ves que vicias*
las reglas del monasterio
que no permiten…?
Brígida.— *¡Bah!, ¡bah!*
Más seguro así está,
y así se habla sin misterio
ni estorbos: ¿habéis mirado
el libro que os he traído?
Inés.—*¡Ay!, se me había olvidado.*
Brígida.—*¡Pues me hace gracia el olvido!*
Inés.—*¡Cómo la madre abadesa*
se entró aquí inmediatamente!
Brígida.—*¡Vieja más impertinente!*
Inés.—*¿Pues tanto el libro interesa?*
Brígida.—*¡Vaya si interesa! Mucho.*
¡Pues quedó con poco afán
el infeliz!
Inés.— *¿Quién?*
Brígida.— *Don Juan.*
Inés.—*¡Válgame el cielo! ¿Qué escucho?*
¿Es don Juan quien me le envía?
Brígida.—*Por supuesto.*
Inés.—*¡Oh! Yo no debo tomarlo.*

José Zorrilla
Don Juan Tenorio, Bruño

2 Transforma estas oraciones enunciativas afirmativas en negativas. ¿Qué procedimiento has usado?

a) Voy a cerrar esa puerta. → ____________________

b) Eso es muy bueno y muy santo. → ____________________

____

____

3 Localiza una oración exhortativa en el texto de la página 64 y completa la información del recuadro.

____

Las **oraciones exhortativas** formulan un ____________, que se expresa mediante **verbos** ____________ ____________, o con las **construcciones** ____________

4 Une cada oración con la modalidad que le corresponda.

Exhortativa	No se lo quiso decir ni siquiera a sus mejores amigos.
Enunciativa	Ojalá salgamos pronto esta tarde.
Exclamativa	Quiero que salgas inmediatamente de tu cuarto.
Interrogativa	¿Alguien sabe cuándo empiezan los exámenes?
Desiderativa	Posiblemente mis hermanos lleguen mañana.
Dubitativa	¡Cuánto pesa esta maleta!

5 Construye con las palabras *escribir, carta* y *hermano* seis oraciones, correspondientes a las modalidades oracionales según la actitud del hablante. Debes conjugar los verbos y añadir otras palabras.

Enunciativa ____________ → ____________

Interrogativa ____________ → ____________

Exhortativa ____________ → ____________

Exclamativa ____________ → ____________

Dubitativa ____________ → ____________

Desiderativa ____________ → ____________

6 Indica junto a las oraciones de la actividad 5 el tiempo, modo, persona y el número de las formas verbales.

7 Escribe una oración con cada una de las siguientes construcciones e indica a qué modalidad pertenecen según la actitud del hablante.

haber que + infinitivo ____________

deber + infinitivo ____________

deber de + infinitivo ____________

querer + infinitivo ____________

Clasifica en la tabla las oraciones subrayadas en el texto. Te servirá para repasar las **clases de oraciones** según la **actitud del hablante.**

La sentencia de muerte

Novicia 1.ª.—*¿Qué hace?*

Novicia 2.ª.—*¡Habla más bajito!*
Está rezando.

Novicia 1.ª.—*¡Deja!*
¡Qué blanca está, qué blanca!
Reluce su cabeza
en la sombra del cuarto.

Novicia 2.ª.—*¿Reluce su cabeza?*
Yo no comprendo nada.
Es una mujer buena,
y la quieren matar.
¿Tú qué dices?

Novicia 1.ª.—*Quisiera*
mirar su corazón
largo rato y muy cerca.

Novicia 2.ª.—*¡Qué mujer tan valiente! Cuando ayer*
vinieron a leerle la sentencia
de muerte, no ocultó su sonrisa.

Novicia 1.ª.—*En la iglesia*
la vi después llorando
y me pareció que ella
tenía el corazón en la garganta.
¿qué es lo que ha hecho?

Novicia 2.ª.—*Bordó una bandera.*

Federico García Lorca
Mariana Pineda, Espasa-Calpe

Enunciativas	
Interrogativas	
Exhortativas	
Exclamativas	
Dubitativas	
Desiderativas	

8 Explica qué criterios has utilizado para clasificar las oraciones del texto en la tabla superior.

9 Transforma en dubitativa y en desiderativa la oración «Bordó una bandera».

Dubitativa

Desiderativa

Ortografía **Uso de *c, qu, k* y de *c, z***

- Las grafías *c*, *qu* y *k* representan, a veces, el **mismo sonido**.

Se escriben con *c*	Las sílabas ***ca, co, cu:*** *calamar, coral, cuna.*
Se escriben con *qu*	Las sílabas ***que, qui:*** *quemar, quitar.*
Se escriben con *k*	Las palabras que empiezan por ***kilo-*** y algunas procedentes de otras lenguas: *kilogramo, káiser.*

- Las letras *c* y *z* también pueden representar el **mismo sonido**.

Se escriben con *c*	Las sílabas ***ce, ci:*** *cerebro, cita.*
Se escriben con *z* y con *-z* final	• Las **sílabas** ***za, zo, zu:*** *zarza, zona, zurrón.* • Las palabras cuyo **plural** termina en ***-ces:*** *luz, pez.*

- Algunas **excepciones** en las que se escribe *z* antes de *-e*, *-i* son ***zepelín, zigzag*** o *zen.*

10 Rodea las palabras con *c, qu, k* y *z* que aparecen en el siguiente texto.

Zigzagueé como una liebre, hice eses. [...] Estaba perdido. Los caballeros se habían puesto a ver la persecución y me animaban. Cuando estaba a punto de cazarme, me agaché parándome en seco. El otro, lanzado por un ciego impulso, chocó contra mí, voló por encima de mi espalda y fue a caer panza arriba sobre el polvo. Rápido como una flecha me fui sobre él y le puse la punta de mi espada en el pecho.

—¡Jura, por Dios que eres un bruto y que nunca volverás a pegarle a un chico más pequeño que tú o te atravieso de parte a parte!

Fernando Lalana
Fernando el Temerario, Magisterio Casals

11 Explica por qué se escriben con *c, k, qu* o *z* las palabras que has rodeado en el texto de la actividad anterior.

- Se escriben **con *c*** ____________ porque contienen las **sílabas** ______ y ____________ ____________ porque contienen las **sílabas** ______
- Se escriben **con *qu*** ______ porque contienen la **sílaba** ______
- Se escriben **con *z*** ____________ porque contienen la sílaba ______
- Constituye una **excepción** ______ pues en esta palabra se escribe ***z*** antes de ______

12 Completa las siguientes oraciones con *c* o *z*, según corresponda.

a) __atalina III fue __arina de Rusia.

b) __aida era una joven muy __oqueta.

c) El __oche se paró delante de un __eda el paso.

d) Los alumnos jugaron al __orro durante el re__reo.

e) El __orro ártico tiene un pelaje blanco y __álido en invierno.

f) Quiero que reali__éis las corre__ __iones.

13 Consulta en un diccionario el significado de *zigzaguear* y *zipizape* y construye una oración con cada palabra.

zigzaguear ____

zipizape ____

14 Completa las siguientes oraciones con las formas adecuadas de los verbos que figuran entre paréntesis.

a) Ayer, Juana y Pablo ________ *(hacer)* todos los deberes antes de salir.

b) ¿Has ________ *(cocer)* ya los langostinos?

c) En aquel encuentro ________ *(vencer)* los mejores.

d) El entrenador ________ *(convocar)* al equipo mañana en el campo donde van a jugar.

e) Fue muy antipática; me dijo «que te ________» *(zurcir)* y se largó sin añadir nada más.

15 Completa la tabla con las palabras del texto que contengan las sílabas indicadas.

Después de escaparnos del pueblo corrimos sin saber hacia dónde, pues no teníamos otro objetivo que el de distanciarnos de la gentuza de la fiesta. Pero, una vez que nos alejamos y se perdieron por completo sus gritos, nos quedamos sin saber adónde tirar. No queríamos volver a Balanzategui, ni por nada del mundo; pero no se nos ocurría otra posibilidad.

Bernardo Atxaga
Memorias de una vaca, SM

Sílabas *ca, co, cu*	Sílabas *ce, ci*	Sílabas *que, qui*	Sílabas *za, zo, zu*

16 Escribe el singular de las siguientes palabras.

- cálices → ______
- tapices → ______
- lápices → ______
- capataces → ______
- luces → ______
- paces → ______
- capaces → ______
- veces → ______

- ¿Qué regla de las que has estudiado cumplen todas las palabras anteriores?

____

17 **Sopa de letras.** Localiza en la sopa diez términos que contengan *c, qu, k, z.* Si completas primero los huecos de las palabras de la derecha, te resultará mucho más sencillo.

Dictado

18 Rodea todas las palabras que has escrito mal en el dictado y cópialas a continuación correctamente.

19 Construye una oración con cada palabra que has escrito en la actividad anterior.

20 Completa este cuadro con palabras del texto que respondan a cada uno de los casos estudiados en la página 67 sobre el uso de *c, qu, k* y *z.* Si en alguna has cometido una falta de ortografía, no olvides copiarla correctamente.

Regla ortográfica	Palabras del texto
Sílabas *ca, co, cu*	
Sílabas *ce, ci*	
Sílabas *que, qui*	
Sílabas *ka, ke, ki, ko, ku*	
Sílabas *za, zo, zu*	

12 El texto. El punto y la coma

Gramática: El texto

- Un **texto** es un conjunto de **oraciones conectadas entre sí de manera coherente** que transmite un **sentido completo**. Los textos pueden ser **orales** o **escritos**.
- La **cohesión textual** se logra mediante diversos **procedimientos lingüísticos** y **conectores**.

Repetición de palabras	*Compré unos libros, unos cuadernos y una mochila. Los libros fueron caros.*
Empleo de sinónimos	*Ayer vimos una película de terror, sentimos el miedo en el cuerpo durante toda la sesión.*
Uso de pronombres que sustituyen a sustantivos	*Conocí a María este año, ella es simpática y buena compañera.*

- Los **conectores** son piezas lingüísticas que enlazan los párrafos y las oraciones de un texto.

Conectores	
Temporales	**Organizan** las **acciones** a las que alude el texto *(luego, después, más tarde…): Fuimos al teatro, después merendamos en un parque.*
Explicativos	**Aclaran palabras, ideas** o **expresiones** que han aparecido con anterioridad *(es decir, o sea, por ejemplo…): Me gusta mucho el séptimo arte, es decir, el cine.*
De orden	**Señalan las partes** en que se ordena el texto *(en primer lugar, en segundo lugar, por último…): En primer lugar sonó una gran explosión; después hubo un terrible silencio.*

1 Lee el siguiente texto e indica si se trata de un texto oral o escrito. ¿De cuántos párrafos se compone?

La anorexia evoluciona peor en las mujeres

Un reciente estudio concluye que la anorexia, un trastorno alimentario caracterizado por la búsqueda de la delgadez extrema a costa de la propia salud, tiene peor pronóstico en las pacientes femeninas. Además, ellas tardan más en recuperarse que los varones.

Médicos de la Universidad de UCLA (EE UU) llevaron a cabo un seguimiento de un centenar de pacientes de entre 13 y 17 años que habían recibido un diagnóstico de anorexia nerviosa. En la muestra había 14 participantes masculinos.

Un año después de haber superado la enfermedad, ellas seguían preocupadas de forma excesiva por no engordar y controlaban demasiado su alimentación. Muchas enfermas, por ejemplo, no habían logrado estabilizarse en el peso que sus médicos consideraban adecuado.

Los chicos, por el contrario, no manifestaban estas características. Buena prueba de ello es que ninguno de ellos recayó; mientras que el 8,2 por ciento de las chicas volvió a precisar asistencia médica.

Al parecer, tanto mujeres como hombres comparten síntomas propios de este trastorno, como la ansiedad, el afán de perfeccionismo o la personalidad rígida; pero no otros, o al menos de forma tan acusada, como la obsesión por la imagen o por perder peso a cualquier precio.

También es cierto que «los condicionantes socioculturales relativos a la delgadez están dirigidos, sobre todo, a la mujer», apuntan los investigadores.

El Mundo (Adaptación)

___

2 Sintetiza en una línea el sentido completo —el tema— del texto de la página anterior.

____

3 Ahora, une con una flecha cada párrafo con su contenido.

Párrafo 1.°	El estudio consiste en el seguimiento de un centenar de pacientes.
Párrafo 2.°	Los chicos, al año, se han recuperado y un 8,2 por ciento de las chicas sufrió una recaída.
Párrafo 3.°	Algunos rasgos de la enfermedad son comunes en varones y mujeres; otros, no.
Párrafo 4.°	Los condicionamientos socioculturales relativos a la delgadez afectan más a las mujeres.
Párrafo 5.°	Un año después las chicas aún no habían superado la enfermedad.
Párrafo 6.°	La anorexia tiene peor pronóstico y tratamiento en las mujeres.

4 Identifica en el fragmento de la actividad 1 los elementos que se indican a continuación.

- Un sustantivo que se repite → ______________________
- Al menos dos palabras que en el texto tengan el mismo significado que las siguientes.

pacientes masculinos ______________________

pacientes femeninas ______________________

anorexia nerviosa ______________________

- Tacha con un aspa dos pronombres personales del fragmento y rodea el sustantivo al que sustituyen.

5 Fíjate en tus respuestas a la actividad 3 y completa la información del recuadro.

Existen diversos **procedimientos lingüísticos** para obtener la **cohesión textual,** como ______________________

____

6 Indica qué tipo de conectores son los subrayados en el texto.

Un año después ______________________

Por ejemplo ______________________

7 Redacta un final para el artículo de la actividad 1. Para ello, organiza el texto en al menos dos párrafos y utiliza los procedimientos lingüísticos y conectores que has estudiado.

____

____

____

____

____

____

Repasa el concepto de **texto.** Para ello, **completa la información del recuadro** y realiza las actividades.

Los elefantes pueden reconocerse a sí mismos delante de un espejo

Los paquidermos pueden reconocerse a sí mismos ante un espejo. Un equipo de investigadores ha comprobado que los elefantes poseen esta capacidad típicamente humana que anteriores investigaciones ya habían observado en los grandes primates (chimpancés, gorilas, orangutanes…), así como en los delfines.

Tres hembras de la especie oriental (Elaphas maximus) del zoo del Bronx, en Nueva York, a las que se les pusieron delante dos espejos, se quedaron poco menos que extasiadas ante la contemplación de su imagen: se arrodillaron para verse el lomo, levantaron la trompa para mirarse los dientes y se enseñaron sus propios traseros. […]

Sin embargo, la prueba definitiva del experimento […] se logró cuando les pintaron una cruz sobre la mejilla que no podían ver, pero que les llamó la atención en el espejo, por lo que la tocaban con la trompa. Cuando les taparon los espejos, ni siquiera se acercaban a esa zona de la empalizada de su área.

Los elefantes, por lo tanto, han superado la prueba del espejo, un hallazgo que aproxima su capacidad cognitiva[1] a la del Homo sapiens.

El Mundo (Adaptación)

[1] **cognitivo:** relativo al conocimiento.

Un **texto** es un ______________________________
__________ que **transmite** ________________. Los textos **pueden** ser ______________

8 Lee atentamente y contesta las siguientes cuestiones para comprobar la coherencia y sentido completo del texto. Señala en qué párrafos se encuentran las respuestas.

- ¿De qué noticia informa este artículo? ______________________________
- ¿A qué animales les sucede lo mismo que al elefante? ______________________________
____
- ¿En qué consiste el experimento? ______________________________

9 ¿Cuántos párrafos tiene el texto? ______________________________

10 Señala qué procedimientos lingüísticos se han empleado para cohesionar el fragmento.

Presencia de sinónimos → ______________________________

Repetición de palabras → ______________________________

11 Explica qué función cumplen las locuciones *sin embargo* y *por lo tanto,* subrayadas en el texto.

____

12 Relaciona las siguientes oraciones utilizando distintos conectores.

¿Cómo sabremos si un robot es consciente? ________________, *un programador lo sometería al test de Turing, que consiste en parecer un humano por correo electrónico.* ______ *un zoólogo le pintaría un lunar sobre una ceja y le pondría ante un espejo.* ________________, *si el robot se toca el lunar, demostrará que es consciente.* ________________ *un ser autoconsciente, propietario de un yo.*

El País (Adaptación)

Ortografía El punto y la coma

- El **punto** indica una **pausa** que **cierra** una **oración**.
- Se distinguen tres **clases de punto**:
  - El **punto y seguido** separa oraciones dentro del mismo párrafo.
  - El **punto y aparte** separa párrafos dentro de un texto.
  - El **punto final** señala el final del texto.
- **Después** de un **punto** siempre se escribe **mayúscula**.
- La **coma** indica una **pausa breve** dentro de una oración.
- La coma se utiliza con las siguientes finalidades:
  - Para separar los elementos de una **enumeración**: *Fuimos Ana, Conchi, Pedro...*
  - Para delimitar incisos: *El puente, construido hace muchos siglos, era de madera.*
  - Para separar el vocativo del resto de la oración: *Escucha, Miguel, lo que voy a decirte.*

13 **¿Por qué se escriben con mayúscula inicial las palabras subrayadas en el siguiente texto?**

En la ciudad de Florencia, ***no lejos de la Piazza del Granduca,*** *corre una calle transversal que,* ***si mal no recuerdo,*** *se llama Porta Rossa. En ella,* ***frente a una especie de mercado de hortalizas,*** *se levanta la curiosa figura de un jabalí de bronce, esculpido con mucho arte. Agua límpida y fresca fluye de la boca del animal, que con el tiempo ha tomado un color verde oscuro. Es un bonito cuadro el de la bien dibujada fiera abrazada por un gracioso rapaz medio desnudo, que aplica su fresca boca al hocico de bronce.*

A cualquier forastero que llegue a Florencia le es fácil encontrar el lugar: no tiene más que preguntar por el jabalí de bronce al primer mendigo que encuentre, seguro que lo guiarán a él.

Hans Christian Andersen
El jabalí de bronce,
http://angarmegia.webcindario.com

____

14 **¿Por qué se escriben entre comas las palabras en negrita del texto de Hans Christian Andersen?**

____

15 **Añade las comas que consideres necesarias en las siguientes oraciones.**

a) Don Ramón el alcalde del pueblo no mentía cuando afirmaba que los vecinos preferirían morirse antes que ver desaparecer los bosques bajo las llamas.

b) En derredor de las múltiples cruces crecían y se desarrollaban los helechos las ortigas los acebos la hierbabuena y todo género de hierbas silvestres.

c) Señor capitán quiero que llevéis el testimonio de mi gratitud a vuestras tropas al ministro y a las gentes de la comarca por su ayuda.

16 **Explica el uso de la coma en las tres oraciones que has corregido de la actividad anterior.**

a) ____

b) ____

c) ____

17 ¿Es correcta la puntuación de las siguientes oraciones? Corrígela si es necesario y justifica tu respuesta.

a) Cierto señora ciertísimo. → ____________________

b) Yo pinté, como decía, el cuadro del que hablaban ustedes. → ____________________

c) Llevaba una blusa blanca una elegante chaqueta marrón, una falda beis de volantes y unos zapatos planos de cuero. → ____________________

18 Relaciona mediante flechas los conceptos de la izquierda con su significado.

inciso	expresión que se utiliza para hacer una llamada o invocación.
enumeración	expresión intercalada en otra para explicar algo relacionado con esta.
vocativo	exposición sucesiva y ordenada de las partes que forman un todo.

19 Inventa tres oraciones, de más de siete palabras, que contengan una enumeración, un inciso y un vocativo.

Enumeración ____________________

Inciso ____________________

Vocativo ____________________

20 Intenta explicar el cambio de significado que produce la coma en estas dos frases.

a) Al decidir que no, renunciamos a las vacaciones…

b) Al decidir que no renunciamos a las vacaciones…

____

21 **Escritura continua.** Copia de nuevo el siguiente texto separando las palabras y poniendo las comas, los puntos y las letras mayúsculas que consideres necesarios.

desdelaventanadelcuartodeldirectorseveíaunpanoramaformadoporcasascontejadosdepizarraelevadastorres-grandesveletasyletrerosdoradosenlasalapapáalgoimpacientemurmurabaalgosobrelacuriosidaddelprofesor

____

____

____

22 Redacta un breve texto sobre un día de tu vida. Distribuye en un párrafo lo que haces por la mañana y, en otro, lo que haces por la tarde.

____

____

____

____

____

____

Dictado

23 Rodea todas las palabras que has escrito mal en el dictado y cópialas a continuación correctamente.

24 Construye una oración con cada palabra que has escrito en la actividad anterior.

25 Completa el cuadro con ejemplos tomados del texto que respondan a cada uno de los casos estudiados en la página 73 sobre el uso del punto y la coma. Si has cometido una falta de ortografía, no olvides copiar la palabra o expresión correctamente.

Regla ortográfica		Palabras del texto
Se escribe punto	Para separar oraciones dentro del mismo párrafo (punto y seguido)	
	Para separar párrafos dentro de un mismo texto (punto y aparte)	
	Para poner fin a un texto (punto final)	
Se escribe coma	Para separar los elementos de una enumeración	
	Para marcar un inciso	
	Para separar un vocativo	

Oxford University Press es un departamento de la Universidad de Oxford. Como parte integrante de esta institución, promueve el objetivo de excelencia en la investigación y la educación a través de sus publicaciones en todo el mundo. Oxford y Oxford Educación son marcas registradas de Oxford University Press.

Publicado en España por
Oxford University Press España S. A.
Parque Empresarial San Fernando, Edificio Atenas
28830 San Fernando de Henares (Madrid)

ISBN: 978-84-673-7657-9
Depósito legal: M-33689-2015
Impreso en España

AUTORÍA
M.ª Teodosia Cabañes Cabañes,
Ersilia Lorenzo Lorenzo

ILUSTRACIÓN DE INTERIORES
Marina Seoane, Alfonso Abad Lera (pág. 31)

FOTOGRAFÍAS
Prisma y Archivo Oxford

AGRADECIMIENTOS

Editoriales: ABC, Acantilado, Akal, Alfaguara, Alianza, Anaya, Bruguera, Bruño, Cátedra, Destinolibro, Edhasa, Ediciones Martínez Roca, El País, El País-Aguilar, Espasa Calpe, Indugraf, Losada, Lumen, Magisterio Casals, Minotauro, Obelisco, Planeta, Planeta&Oxford, Plaza&Janés, Punto de Lectura, SM, Santillana, Tusquets, Zero

Publicaciones periódicas: *ABC, El Mundo, El País*

Otros organismos: Biblioteca Virtual Miguel de Cervantes, http://angarmegia.webcindario.com/especial_andersen.htm